- 通俗易懂的会计知识　现学现用的开店秘诀
- 告别“薪酸”职场　　奔向广阔“钱程”

金多多开店记

小会计的服装生意经

张　洁◎著

西南财经大学出版社

图书在版编目(CIP)数据

小会计的服装生意经/张洁著.—成都:西南财经大学出版社,2014.10
(金多多开店记)
ISBN 978-7-5504-1592-8

Ⅰ.①小… Ⅱ.①张… Ⅲ.①童装—商店—商业经营 Ⅳ.①F717.5

中国版本图书馆 CIP 数据核字(2014)第 213269 号

小会计的服装生意经

张 洁 著

策　　划:何春梅
责任编辑:王正好
封面设计:墨创文化
责任印制:封俊川

出版发行	西南财经大学出版社(四川省成都市光华村街 55 号)
网　　址	http://www.bookcj.com
电子邮件	bookcj@foxmail.com
邮政编码	610074
电　　话	028-87353785　87352368
照　　排	四川胜翔数码印务设计有限公司
印　　刷	四川新财印务有限公司
成品尺寸	170mm×230mm
印　　张	9.5
字　　数	130 千字
版　　次	2015 年 1 月第 1 版
印　　次	2015 年 1 月第 1 次印刷
书　　号	ISBN 978-7-5504-1592-8
定　　价	30.00 元

1. 版权所有,翻印必究。
2. 如有印刷、装订等差错,可向本社营销部调换。

粉丝留言簿

职场“白骨精”们都有脱掉职业装、甩掉高跟鞋，挽起袖管去创业的冲动。创业是为自己工作，当激情遇到挫折，机智的金多多会给我们带来很多惊喜。

——网站时尚编辑　吴　菁

要拿出10万元开店启动资金很容易，但要用这10万元开好一家店，需要智慧。

——地产精英　张玉泉

时隔两年，默默再度掀起“小会计”这股旋风，写的是一个年轻姑娘运用会计学原理和财商攻克创业难关的故事。

——IT精英　陈　晨

开店创业必须要明确目标，选好渠道，做好推广，全力执行。

——环球雅思北美业务经理　李琴琴

这是一本融实用性和趣味性为一体的开店指导书。

——爱书人　徐　静

这是一部极具力量和智慧的作品，特别适合打算自己开店创业的人。

——柬货创办人之一　桑公公

我和书中主人公一样：只要选定了目标，就会坚定地走下去。

——可爱小动物救助工作室创始人　卞新棠

人物介绍

金多多：开启“等死模式”很多年，终于放弃稳定的工作，勇敢迈出创业第一步。没想到“创业没有那么简单，每件事都有它的难度”。（嘿嘿，请模仿《没那么简单》的曲调来一句。）

小马哥：和多多青梅竹马，是服装批发市场的生意老手，对做生意头头是道。

小苏：多多的表姐，会计高手，经常为多多指点各种小店做账等会计实操技巧。

多爸：多多的忠实支持者。

多妈：多多服装店的主要出资人，主动自愿为多多的服装店提供各种后勤服务。

前言
你在为自己工作

每年都有越来越多的女性告别职场，自己学做生意，奔向未知的旅程，期望开启一段掌控自我的全新生活。但是，女性打拼自己的事业看上去固然很美，但风险就是：如果有天事业失败了，想要再回来重操旧业就不那么容易了。为自己工作，勇气值得喝彩，但前提是必须理性评估自身的实力，做好智慧的决策，科学管理自己的钱袋子，才能最终过上衣食无忧、相对更加自由的生活。

创业的动机有千百种，但万变不离其宗，最重要的还是赚钱。富人可以轻松买到很多普通人羡慕的奢侈品；能去平常百姓梦想的地方旅行；还可以利用金钱尝试更多有趣而有意义的事。我们不主张金钱至上，但不得不说，做一个富有的女人是个十分值得“点赞”的目标。我们可能永远不会像邓文迪那样富有，但我们可以有一个变得比昨天更富有的目标：首先我们应该审视一下自己的赚钱能力；学习合理分配自己的时间和金钱，看看哪些用来投资，哪些用来消费，哪些作为意外保险留存起来为将来养老未雨绸缪。一言以蔽之，财商将决定女人后半生是否宽裕和幸福。所以，新时期的女人想拥有幸福，情商、财商都必不可少。而如何提升这两者，在金多多的故事里，相信大家会各自领悟到其中的真谛。

什么是你最想要的

首先，你得列出最近想实现的几个愿望。在实现愿望的过程中，我们会发现大多数人并不清楚自己想要的是什么，他们只知道，自己想得到更多更好的东西来满足自己的虚荣心。所以在创业之初，我们必须确切地知道自己心里渴望的是什么才行。

其次，你必须每天把这张写着自己愿望的单子熟读几遍，它会不断提醒你努力实现愿望。

趁在职筹备创业计划

最好要趁自己仍然在职时开始留意并为自己真正想做的事业作一些前期的准备。尽量在每天工作之余想点如何创业的点子。没错，过渡期并不总是容易扛过去的。不过，按此步骤朝着自己的理想前进的愉悦和兴奋将最终完全补偿你所有的付出。

大胆去做

这个世界上只有你自己才知道何时才算万事俱备可以进行离职创业人生的重要一跃了。也许那一刻发生在你意识到自己在新事业上花的时间超过本职工作，并且它能给你带来刺激和快感，并让荷包鼓起来了，也许你会决绝地告诉自己："现在不决定，就永远没机会去做了。"时机一旦成熟了，那就扣下选择的"扳机"，大胆去做！太多人做事畏首畏尾、犹豫不决，真正付诸实践事实上比纯粹思考有用多了。如果你只是抱着"试试看"的心态去创业，那么你只会以失败告终。尝试创业纯粹是一种给自己留退路害怕失败的借口。一旦了解自己要的是什么，你只有两个选择——做或者不做。

我们对很多拥有智慧、创造力和耐力的职业女性充满了敬意，尤其是那些有了家庭的坚强女性。她们不仅做好买菜做饭的主妇角色，同时还能支撑家庭经济的半边天，并且没有割舍自己的事业。无论是出于无奈还是热爱工作，都值得赞扬。现代的职场女性因为在工作上投入过多而忽略自己的身心健康和家庭关系，面对繁杂的公司事务，常常自责：为什么不多给自己点时间陪陪孩子?

虽然创业这条路会让自己处于孤立无援的境地，但做自己喜欢的事，成功的可能性就会更高。实现事业与家庭的平衡，灵活支配自己的时间，努力付出最终会带来最大的回报。

无论已婚还是未婚，生孩子前还是生孩子后，创业的时机并不会过多影响创业的效果。重点是我们不要再那么拼命地为别人工作，一旦打定主意创业，就该立刻付诸行动。如果未来可以实现一边在家照顾孩子一边自己当老板的梦想，赚足够的钱补贴家用，这对每位女性而言，都不失为一个两全其美的办法。

这本书将为您讲述这位名叫金多多的女性停职创业的精彩故事。在故事里，我们会穿插讲解很多经营管理服装店铺的知识、做账的技巧，希望跟读者分享实实在在的创业经验，对您开店有一定的指导意义。

自由创业是一列充满刺激的过山车。欢迎加入冒险家的乐园，与我们一同近距离审视和了解自由创业的成功秘诀。(无论结局是喜是悲，我们都愿意与您分享!)

目录

Part 1

可不可以不上班

01　好想开间小小的服装店

天使街8号，有家童装铺子悄然开张。

女主人叫金多多，一个“三十未立”的大龄剩女。是什么原因让这个女子放弃稳定的工作，开起小小的服装店，单枪匹马寻找未来？没有任何做生意的经验，她能把别人兜里的票子装进自己的口袋吗？

几乎所有女人都有一个梦想：开一间属于自己的服装店，漂亮、美好，洒满阳光。更重要的是，工作时间自由，多劳多得。这个三十岁的女人骨子里个性十足，甚至有十几岁年轻人的血气方刚，抱着“我的未来不是梦”的念头拒绝平庸，宁可头破血流也要往南墙上撞一撞，没准撞了过去就能寻得属于自己的另一番天地。

此前，父母为了让孩子少走弯路，千方百计地想为子女谋一个好前程。这不，寻梦的美好变成不知天高地厚的荒唐，用心良苦的关怀反倒成了寻梦的牵绊。巧巧大学毕业后，在父母的安排下进了一家事业单位，拥有一份令人艳羡的体面工作，如果再找个“高富帅”共赴婚姻的殿堂，堪称完美。在很多人眼中，仿佛只有循着这个轨迹，物质与精神才能双丰收，故事才算大团圆结局。

中国式逼婚猛如虎，貌似凡夫俗子们都该循规蹈矩，乖乖结婚生子才能让吃饱了没事干却能用唾沫星子淹没整个小区的婆婆妈妈们闭嘴。心高气傲的多多自然不能免俗，在舆论压力下被迫相亲不下十八回。结果，没一个男人能入姑娘的法眼。无奈之下，剩着剩着便修炼成了“黄金剩斗士”。

结婚真的是女人的终极目标吗？

别指望结了婚就等于找了张“长期饭票”。这种观念现在已经慢慢在改变，“婚后靠老公，老来靠子女”的观念已经OUT了，现代女性必须更加懂得凭借自己的能力过高品质生活。因为婚姻并不一定是未来的保障，生命中不可预测的变数实在太多：疾病、失业、丧偶、意外等都可能使家庭生计陷入困境。所以，不论单身或已婚女性，都该好好管理自己的财富，才能打造属于自己的美丽人生。

已婚小姐妹的吐槽也让一直单身的多多对婚姻心生恐惧：工作的时候总挂念着家里一大堆未完成的家务，一旦回到了家却又希望从给孩子换尿布和陪他们看动画片的生活中解脱出来。我心里也想追求更高层次的目标。可第二天还依然得面对鸡肋般的工作。

看，这就是婚姻生活！多无趣！

姻缘没着落，工作又无趣，活着总该有点追求吧！不安分的多多有颗好胜心，寻思着每天喝茶看报玩淘宝、薪水比上不足比下有余的鸡肋工作实在不适合她，自己可是念设计的，却连一件作品都没有。真心不想工作！可不工作又能做什么呢？

小姐妹的吐槽和周而复始的生活让多多动起了开店的念头。虽然对婚姻没抱太大希望，可自己不想做灭绝师太，早晚都要迈进爱情的坟墓的。最大的希望就是：不要做围着老公和孩子转的黄脸婆！如果想要有更多自由的时间来平衡家庭和事业，还能发挥自己的专长实现梦想，对于女人来说，唯有创业这条路了。

多多向老妈道出了自己的这一大胆想法。

多多的老妈是一位知书达理、受过高等教育的女性。多数母亲总会在孩子做出这样的决定时，苦口婆心地这样劝说："找不到工作的大学生满大街都是，你的单位别人削尖了脑袋还挤不进去，不要身在福中不知福。即使要辞职，也把婚结了孩子生了，该享受的权利享受了再换个工作呗。"

老妈不像三姑六婆那样指望着自己的孩子攀龙附凤、飞黄腾达，她只希望女儿能舒心、快乐地生活。母亲不仅从精神上支持，更是在行动上全力支持。当了解到多多有开店的想法后，母亲递给她一个鼓鼓囊囊的信封。多多打开一瞧，无数张大钞在向自己微笑。

"妈，这些年你和我爸供我读大学花了不少钱，这些积蓄是你们的养老金吧？"多多有些于心不忍，毕竟是自己创业，冒险的代价她早已想到，但如果要拿父母的养老金去冒险，一股无形的压力扑面而来。

"傻丫头，我们才没那么容易服老。你一直都是'月光族'，没存下什么钱，这笔钱就当是爸爸妈妈给你的投资好了。用心做吧，你很棒！爸爸妈妈还等着你赚了钱后给咱们分红呢。"母亲轻柔地抚摸着女儿的长发。

就这样，多多从一无所有变成了拥有 10 万元启动资金的小老板。

做什么呢？创业得有主题，毫无章法就是自寻死路。人人都在网上卖东西就是想避开房租、水电费。开实体店要考虑的事情太多了。事无巨细，先做好第一步，把脚迈出去，才能大胆地走第二步、第三步，走稳健了暖暖身再跑起来。

02 你适合创业吗

侄女悠悠穿着花裙子在镜子前面照来照去。这个"小妖怪"偷穿了多多的高跟鞋和花裙子，自我欣赏了约摸十分钟后满意地甩甩辫子，跑到多多跟前，问她要唇彩。

多多给了侄女唇彩，不由感叹：女人长得好看，找个好工作，嫁个好男人，并不能给幸福加上三道保险。穿得漂亮才是王道，悦人悦己。谁不爱赏心悦目的美好事物？

想到这里，多多心中忽然闪过一丝念头：卖服装！为什么不卖服装？多多一向对自己的审美眼光相当自信。思维渐渐理顺，店名啪嗒啪嗒像打字一样显现在异想天开的脑袋瓜里：天使爱美丽。嗯，接下来该考虑：10 万元能做什么类型的服装？一口气可吃不成大胖子。思前想后，这丫头已然有了不错的主意：做成人服装不如做童装！“6+1”的家庭模式决定了孩子独大，一个普通家庭会有六个大人为孩子的喜好买单，这比卖化妆品、做餐饮更有盈利点！

晚上，多多把自己的想法说给父母听。

母亲在洗碗，轻轻赞许：“你自己做决定。有了目标，就去做吧！你放心去创业！趁着年轻，多加把劲，让错过你的男人后悔去！”

父亲端起茶几上的杯子，啜了口清茶，慢条斯理地发表言论：“老婆，别说这些。女人最重要的不是找一张长期饭票，最终还是要靠自己。你知道你追求的是什么就好。你妈既然都义无反顾地支持你，别的我就不说了，学好会计理理财，经营好你的小店铺。在什么都不懂之前，千万别拿钱烧着玩。”

“嗯，我会好好干的！可是哪里有必要非得学会计呢？我最讨厌数字了！爸，你知道自己当老板是多少年轻人的梦想吗？一些有过几年工作经验的职场人厌倦了那种朝九晚五的生活方式，在自己创业的过程中寻找到自我价值。只要眼光好，会说话，东西自然能卖得好！”多多反驳。

父亲却有自己的一番见解：“我不反对你追求自我价值的实现。但是先别急着辩解，听爸爸说完。若自我定位不准确，业务素养以及开拓能力不足就仓促上阵，都可能面临进退两难的窘境。我问你，做一个成功的 SOHO 族需要具备哪些条件？”

“这个……额……”多多一时语塞。

父亲开始给多多上政治课：

“这第一条啊，就是心理素养。自由的代价是无法预料的，任何毫无准备的尝试都是一盘赌局。你也许侥幸选对了行业，看准了商机，赚到了大把的钞票，也赢得了你想得到的自由生活。然而，硬币总有正反面：你也有可能惨败，输得血本无归。那时候，你会为自己当初冒失的选择而后悔莫及！不要怪我没提醒你噢！有句话你得记住：在这个世界，你即使倾其所有也不一定可以得到回报！如果折腾了一两年，你还是一点成绩都没有，还会信心十足吗？如果你碰上蛮不讲理的客户，还有好心情笑脸相迎吗？如果你遇到不守信用的供应商，你懂得在商场上与老江湖们斗法吗？任何时候你都要记住的是：家人和朋友永远都是你停靠的港湾。这一点，你有先天条件，因为你有个好老妈，还有我这个好老爸！哈哈！

第二嘛，创业要戒懒。SOHO 时间自由，工作由自己安排。你这丫头懒散惯了，都是你妈‘放养’的结果。所以，你必须克服自身的惰性。一旦创业初期的新鲜感过去了，挫败感、孤独感会结伴冲你来。我敢保证，到那时候你一定会抱着笔记本电脑通宵达旦地看电视剧：从美剧看到港剧，那都是闲着没事干、打发时间的懒办法。今天不努力工作，明天就得努力找工作。既然决定自己当老板，做自己喜欢的事，就要付出百分百的努力！

第三，也就是最后一条，就是业务能力。要成为一个成功的 SOHO 族，良好的业务素养是你成功的基石。业务能力就包括语言能力啦、专业知识啦、开拓客户的能力啦，等等。

咱们先来说说语言表达能力。试想一个不能和客户充分沟通的人，是很难做好这一行的。另外，别放弃你一直学习的英文。它的重要性，不用多说。没准哪天，店里来了一个老外，看上哪件衣裳，正是时候大展拳脚，与他有一搭没一搭地进行‘国际贸易往来’，还不赶紧麻溜儿地增加‘外汇收入’呀！

咱们再来说说专业知识。目前，你还没有选好创业项目。爸爸只提醒你，基本常识必须了解。拿做外贸来说，主要包括：常用外贸术语的灵活运用、各类结算方式的利弊以及会计记账、税务申报、报关、物流等基本知识。另外，你必须得对你所做的产品有比较专业的了解。一个老练的客户一般都有很灵敏的嗅觉，他们往往会在与你的交流中，做出是否继续合作下去的判断。对于产品性能、规格、参数等专业知识的熟知度，关系到能否让客户对你形成好的第一印象。这就像你爸和你妈谈恋爱时的一见钟情，这一点非常关键。”

“哈哈哈……”多多笑岔了气。

老妈开始使劲眨眼，示意老爸正经些，否则要亮红牌。

为了避免被罚下场，老爸言归正传：

“还必须得和你说说这客户资源的事。固定的客户群对你事业的起步是至关重要的。既然是客户群，就不是简简单单的一两个客户，而是有八成把握会有合作的客人。总之，多多啊，一旦你决定创业啊，希望你能坚持！跟你说了这么多，也不知道你听进去多少。话先给你撂下了，能否坚持到底，还得靠你自己！”父亲打了个哈欠，伸了一个大大的懒腰，进房睡觉了。

一门心思要过“独木桥”的多多却一夜未眠。

父亲说得没错，这几点自己是否都具备？

选择创业的人多数是因为不想再为别人打工，想拥有一份真正属于自己的事业。既然勇敢选择了自己当老板这条路，还把爸妈多年的积蓄全部押上，只为赌一个未来，那就勇敢去赌一赌！如果真的不幸被父亲提到的那几个“如果”言中，那只能自认倒霉。

多多寻思：意志力得靠自己，专业素养方面还真没点自信。如果开间店卖东西，时间久了，经验也就有了。

不过，老爹提到的学会计理财，真让人头疼呢。当老板需要学会计？不是只要学会买东西、卖东西就成了吗？会计，就是那种让人见了数字就晕头转向的职业。考大学填志愿时特地避开了这个扰人的行当，怎么兜兜转转又转回来了呢？

多多从小就羡慕表姐小苏对数字有超强的敏感度，随便抽 4 张扑克牌，按照点数，巧妙运用加减乘除就能算出 24 来。于是，小苏长大后当了会计，多多学了设计。

经爸爸这么一提醒，多多立刻拨通小苏的电话："姐，睡了吗？有事相求。"

电话那头传来一个疲惫的女声："刚把悠悠哄睡着，你这是又想折腾你姐啊？"

多多讨好道："哈，这回不是让你帮我代笔写八股文。那些繁文缛节的东西哪里难得住我冰雪聪明的美女姐姐呢！"

小苏心想多多必定有事相求，打趣道："你都毕业了，还用我帮你写啥？征婚启事？"

"算了吧，我才不羡慕你们这些爬进爱情坟墓里的女人呢！不嫁不嫁！再说我这随心所欲的飘忽个性哪个男人受得了，省得祸国殃民。等我哪天修成正果能够财务独立了，再找个入法眼的搭伙过日子。言归正传，小女子我决定要当一回小老板，神仙姐姐能帮我代理记账吗？"多多嬉皮笑脸地央求道。

"哎……三十岁了还这么爱折腾，真拿你没辙！你先把前期工作安排好。会计这行姐熟悉，刚开始不会有那么多业务。有什么问题随时给我电话，好吗？"小苏是个实在人，她很想帮帮这个从小一块儿长大的小妹妹，但有了家庭责任实在难以分身，言语中多少有些犹豫。

"嗯，姐放心，有问题我随时来骚扰你。我是女超人，车到山前必有路！"多多就是有股不服输的精神劲儿。

"悠悠已经睡下了，我现在正好有空。先给你说说你要做的这个行业。服装行业，其实就是商业，做的是货物流通买卖，没有工业会计那么复杂，因为少了一道自己加工制造的流程。会计方面，你只需要注意三个环节：进、销、存。拿着你口袋里的钱买适合的商品，再找准时机卖给有兴趣的人，赚到的差价就是你的利润。在会计领域，服务业最简单，因为出售的是劳务和服务，少了乱七八糟的中间流程。”小苏真是个很有耐性的好姐姐。

“对于我这样的数字白痴，能自己独立做账吗？我看见数字就感觉无数的蚂蚁在脑子里爬呀爬。”多多不太有信心。

“这和数字没多大关系，关键是把账的原理弄懂就好。你得知道你的钱从哪儿来，花到哪儿去，还剩多少，可控制的又有多少。这些信息都能帮你决定什么时候该进货，该进多少货，一个月能赚多少钱。”财务方面小苏很在行，她为完全没有头绪的多多举了个实例，继续说道，“比方，快断货了，你却没有及时采购，坐吃山空可不成；进货量太大却压货了，你的资金链又会出现问题，你怎么解决？千万别小瞧这一间店，千丝万缕的小问题多了去了。等你先确定要卖的商品，理顺业务流程，我的会计指导课程才能正式启动。”

多多的脑袋就像微波炉里的爆米花，立时爆开花。

见多多半晌不发言，小苏逗她：“先打住吧，否则壮志未酬身先死，你这个女英雄恐怕已经哭湿袖子了吧。趁这个机会，好好锻炼自己的能力和意志力。”

“原来做件事这么难！嗯，有你这个军师在，我啥都不怕，只怕你把我说晕。”多多打了个哈欠，有些困意。

“很多事情并非因为困难使我们放弃，而是因为我们放弃才显得困难。难者不会，会者不难。这些要等到你的小事业先搭建起来再考虑。你最好先问问一些做过小买卖的人比较合适，或者去考察一下，看是否值得投资。如果确定要做，找行家帮你做个市场分析，姐再帮你做个详细的预算，到那时妹妹你就大胆地往前走吧！”小苏十分欣赏这个有勇气的小妮子。

“嗯，多多你就大胆地往前走，管它前方是坦途还是南墙！”多多在心里给自己打了气。

03 市场啊，市场

不过，有勇无谋也不成。虽说这10万块是母亲无条件的赠与，存进多多的账户就是多多的，她可以任意支配，可也不能说没就没了呀，必须对老妈无私奉献的资金付起百分之百的责任来！一旦确定了目标，就应具备对其成熟的考量。店铺开起来容易，守起来可没那么轻巧。小苏说的没错，先要考察市场，找几个行家探探路。

去服装批发市场考察时，多多竟然遇到了多时不见的小马哥。他俩是发小儿，从小就爱一起打打闹闹。长大了，虽说见面少了，但逢年过节，平时总是挤兑她的小马哥依旧不忘给她带各种好吃的巧克力。每当那时候，迷恋甜食的多多就会化身乖巧小猫咪。他俩不愧是从小一起长大的伙伴，相亲相爱。谁都以为他俩最后能成一对，孰料两人却各奔东西，未成眷属。

小马哥正和朋友聊着天，见她出现在此地，有些讶异："你怎么在这！"

两人见面从不客套地打招呼，直接说开场白，简单明了。

"你怎么在这?"多多反问。

"有个朋友替我从广州带了件衣服，过来取。"小马哥是个时尚潮人。

多多"哦"了一声，拉着他就跑："陪我考察市场，走！没啥事儿比这个更重要。"

"女土匪啊！你想干什么呀？打劫吗?"见她风风火火的模样，小马哥拦住她。

"踏着我的风火轮追逐梦想啊！"多多还是不放手，左顾右盼，挑着能让自己心动的漂亮衣裳。

"哈，妹子，想当三头六臂的女哪吒可不是好事，将来哪个男人敢娶你这样的怪物！话又说回来，你的理想究竟是买衣服还是卖衣服?"小马哥还真不给面子。

“别哪壶不开提哪壶，姑娘我经历了无数次失败的相亲，对方不是长得‘捉急’(网络俚语，长得捉急意思是显老)了点，就是依靠父母的寄生虫。这一圈相亲下来，我是靠谱的对象一个没见着，唉，咱能不能不往咱伤口上撒盐？我现在的伟大理想是卖衣服！我要赚钱！”豪言壮志就这么深深地烙在姑娘的心里，说出口还真有气魄。

小马哥很喜欢这个看似柔弱的小女子骨子里的韧性和魄力，不过他还是很冷静地提醒她：“懂生意经吗？衣服要想零售赚钱，就卖大路货，贴牌，然后找个好市场，利润可以翻几倍；卖品牌服装的话，最好拿省代（省级代理权），靠发展区域加盟店赚钱。这里头的学问大了。撇开生意不谈，你懂财务吗？懂采购吗？懂销售吗？什么都不懂，千万别轻易烧钱。”

“你怎么和我爹一模一样？我这不是大驾光临，亲自来踩点考察了么？我决定做服装。女装和男装生意没那么好做，市区商业街的店铺除了品牌店，大多冷冷清清。我这只有10万块资金，吃不下大品牌，也不屑卖地摊货。我初步决定看看童装，以后还能让侄女给我做活招牌。今天你的任务就是帮忙找性价比高的！”多多寻思着：总有让人眼前一亮、价格没那么高的衣服吧。

“童装不错，现在小娃娃们的衣服价格可是超过成人。既然已经看准了商机，那我就帮你参谋参谋！”小马哥认了输，惯用的连珠炮式发问并没有吓退这个鬼丫头。

小马哥以前也卖过服装，金融危机爆发后，外贸服装不那么好做，就转做房地产投资了。但对于服装，他还是有发言权的。瘦死的骆驼比马大嘛，多年经验绝对能让多多少撞几次墙，保存体力继续前进。

“开店首先要定位自家店铺的档次，就是面对什么样的消费群体及基本价位。在加盟和自己开店之间，我建议你选择后者。因为加盟费用太高，第一次经营还是保守一些好。经营定位是前期筹备工作中最重要的关键点。很多想创业开店的人往往会眼高手低，根本就不懂得对自己的能力和实力进行分析。”小马哥一针见血地分析道。

“自己当老板可不是那么容易的事情，你老爸一定没给你少上课吧。我就问你几个问题：

第一，你是否适合当老板？不是每个人都具备优秀的个人经营管理能力，开间小店也需要极佳的运筹能力，况且商业领域还需要好脾气。你能控制住自己的情绪，对每个进店的顾客都笑脸相迎吗？你的管理知识和沟通能力过关吗？如果客人的小孩穿了你卖的童装突然皮肤过敏，你具备面对危机时的决断力和应变能力吗？

第二，你有足够的资金实力吗？一般来说资金实力包括四个方面，一是自有的资金，二是家人的支持，三是向亲朋好友或外界筹集资金的能力，四是抵抗风险的能力。

第三，开店容易守店难，你有科学的发展观和战略思考能力吗？也就是说，你如何构架这个店的未来发展。投资服装店还是要慎重一些，现在街面上大大小小的服装店数不胜数，比如‘芝麻街’‘喜洋洋’‘维尼小熊’‘好孩子’之类的品牌连锁遍地都是，而且开服装店不是那么简单的事情，你选的衣服能对上顾客的眼光才是吸引顾客的真正法宝。开服装店的地段很挑剔，一般都是需要客流量大的地段，这种地段的租金都不会很低，所以，之前没有经验的很难经营起来。开店初期赚钱或保本都仅仅只是开始，而长期稳定的盈利和发展模式更是决定你成功的关键。如果在这一点上欠考虑，那么你的店就容易越做越冷清，几个月后或一两年后就无法维持下去，最后不得不关门大吉。这样的例子比比皆是。 在具备较好的投资实力时，最好能根据本地的市场竞争态势以及未来的发展需要，做好店铺的定位并不断地提升和完善，这样才有可能牢牢地占据服装市场的制高点。还有一点就是，一定要做出自己的特色，远离低端店低价倾销的恶性竞争，树立具有特色和美誉度的品牌。如果经营状况良好，可开设分店，营造连锁品牌效应。咱们先看看衣服，有时间我陪你选铺位。”

多多是学设计出身，对美好的事物总是具备敏锐的嗅觉，她看中了几双好看的小鞋子。不一会儿，她又看中了好几家的衣裳：质地柔和，样子也很洋气。只是，批发商一副扑克脸，让人真不舒服。

“呵呵，习惯就好。你和他们没有业务往来，自然不会给你好脸色看。我也有好些年没有做服装生意了，看着这些家伙也脸生。下次进货，介绍我的朋友给你认识，让他带带你，教你一些挑货的经验。就我的经验来看，一般情况，女人看服装其实比男人更有眼光，做服装成功的几率要大一些。原因是女人更有亲和力，也更有审美力。我的一个朋友前几年刚生了个小孩，一年买小孩衣服的开支很大，就干脆自己开店卖童装。货品多，不一定就能留得住客人。做得多不如做得专，童装没那么容易过时，你选择童装的眼光还是很不错的。当顾客看到店铺做的货品全是自己孩子年龄段的，首先能吸引他们进店铺来。当顾客进来看到货品全部适合自己的定位，他们就会停留下来慢慢地挑选，这样成交的几率就大了。”

闷热的天气让人透不过气来，小马哥为多多买来一瓶矿泉水，他们一起在大树下休息片刻。

电话铃声响起，是小苏：“人哪儿去了？打了好几个电话都没人接！”

“哦，在逛服装批发市场，太吵了，手机放包里没听见。”多多是个迷糊虫。

“哈哈，没想到你这丫头还真的听我的话认真做市场调查。几天没你消息，我心想，你这冒失鬼会不会已经租下店面，买了一批自己喜欢的货开始卖了吧？”小苏舒了口气。

“在休息，市场行情还不错。找我啥事？”多多边说边喝了半瓶水。

“这几天我算了一个关于毛利的比例，你可以作为参考。”小苏言简意赅。

“你说，我听着呢。”多多从包里拿出纸笔记录。

毛利率，是毛利与销售收入（或营业收入）的百分比，其中毛利是收入和与收入相对应的营业成本之间的差额。值得注意的是，两种价格都是不含税的。

故公式为：

毛利率 =（含税售价—含税进价）/ 含税售价 × 100%

【创业天使爱学习】

增值税是对销售货物或者提供加工、修理修配劳务以及进口货物的单位和个人就其实现的增值额征收的一个税种。增值税实行凭增值税专用发票抵扣税款的制度，因此对纳税人的会计核算水平要求较高，要求能够准确核算销项税额、进项税额和应纳税额。但实际情况是有众多的纳税人达不到这一要求，比如开服装店、小吃店、茶叶店的小商铺，因此《中华人民共和国增值税暂行条例》将纳税人按其经营规模大小以及会计核算是否健全划分为一般纳税人和小规模纳税两种。

税率简介：

一般纳税人：17%、13%；小规模纳税人：3%；出口货物：适用零税率。

简易征收一般人：以销售情况定 4%、6%。

纳税人按其经营规模大小以及会计核算是否健全划分为一般纳税人和小规模纳税人。

“以你卖服装为例，简单来说，就是你买回别人的服装，再卖给其他人，中间赚取的差额使得这件商品增了值。对于这部分差额，所需要缴纳的税款，就是增值税。”小苏终于组织好语言，对于那一长串文字表述做了补充说明。

“小铺子应该既不算一般纳税人，也不算小规模纳税人吧？这税要交还是不用交呢？”多多疑问道。

“你是不是中暑啦？还没开店就敢偷税漏税，胆大包天的丫头！先别关注税，我让你锁定的是毛利，不要模糊焦点！开店的目的就是为了盈利。税的问题在后头，先解决燃眉之急。我打听了一下，一般卖服装的毛利率是70%。以这个比例作为标准看看进哪些货能赚钱，哪些不能。咱们试试看吧。假设，你买回来的衣服每件进价 60 元，如果每件售价 100 元，毛利率是多少？要达到70%的毛利率，又该卖多少钱？你自己先算算，我先忙了。”小苏很快挂了电话。

多多找到手机里的计算机功能，按了几下：

以小苏列出的数据为例：（100−60）÷100=40%。

如果一件进价 60 元的衣服，卖 100 元一件，毛利率就是 40%。

如果一件进价 60 元的衣服，毛利率达到 70%，假设售价为 P，必须卖到多少元呢？

（P−60）÷P=70%

P−60=0.7P

0.3P=60

P=200

哇，毛利率增加 30 个点，售价就翻了一倍！

“这不是唯一的标准，别听书呆子的！”小马哥在一旁打开了话匣子。

“她的算法确实没错，但市场风云变幻，毛利率也不是固定不变的，没有稳赚的买卖。我替你总结一个经验：进销差价越大，毛利就越大。”小马哥没做过会计，却一语中的。

“当然，书呆子说得也没错。考虑毛利率是应该的，你得先学会找靠谱的供应商，学会讲价。哦，对了，还忘了一件很重要的事，天气渐渐热起来了，很快就到了服装店主们的苦难日——夏天。”小马哥一拍脑袋，差点把这个茬给忘了。

“为啥?”多多不解。

“夏天孩子们放暑假，不需要换那么多套衣裳，而且夏装价位一般都不高。走量不行，单价又提不上去。天气那么热，狗狗都只愿意待在空调房里吹冷气，更别说人了。你是不是宁可吃一桶冰激凌，也不想穿戴整齐出来逛街啊?”小马哥的提醒确实没错。

“我就不信邪，难道没有解决办法吗? 一定有!”多多不信。

“哎，拿你没辙。淡季也并非完全卖不了东西。每个人处理方法不同，有的老板宁愿把滞销的货留到下一季再卖，不会大幅度降价；有的宁愿不计成本地把货先销出去赚回些现金好再进货。淡季的时候，挑货很有讲究。首先，把目标锁定在接近大众休闲风格的版。太时尚的衣服流行时间短，容易被快速淘汰，一般季前上市比较好，到了季末就成了压箱底的货。选择有一定特色的，最好周围店铺都没有的款式，出奇制胜，物以稀为贵嘛。其次，存货要有一定的量，尽量做到齐色齐码。这样的话，用几天的时间试卖。有效果了再补货也不迟。最后，价格一定要公道。消费者一般都有贪小便宜的心理，哪怕是过季的货，因为折扣诱人，还是会收入囊中的。”小马哥有条不紊地指点迷津。

“嗯，既然有法子解决，我就趁热打铁赶紧把店开起来。闲了一个多月了，闷得发慌，若是再拖下去，人老珠黄，丧失斗志，我的宏伟理想就要被这残酷的现实磨灭啦!”多多信誓旦旦。

读万卷书，行万里路。小小的批发市场里头暗藏着大大的学问哩! 回家接着学!

04 钱少怎么办？

做完市场调查，就该打一打自己的小算盘了。

小马哥被一路拽回了家，小妮子一头雾水，正需要行家指点迷津。

“我决定了，开一间服装店，卖童装！”

“你做过全盘预算吗？”

“……”

“你的资金有多少？够维持多久？”

“10 万，够用……额……没算过。”

“你的特色和吸引力何在？”

“……”

“麻雀虽小，五脏俱全，你懂得如何运转操作吗？”

“……”

“如果连续三个月没有人买你的衣服怎么办？”

“……”

面对小马哥连珠炮式的发问，一向伶牙俐齿的多多顿时哑口无言。不是说开店很容易的吗？看来事情没那么简单，生意经不是人人都能念得懂的。

一向自诩聪明的多多面对诸多现实的问题不得不虚心求教：“好吧，我承认我没有你考虑得那样面面俱到。全盘预算到底包含哪些呢？”

小马哥见这小妮子没有了当初的嚣张气焰，反倒语气平和了许多。他以一个生意人的口吻回答了第一个问题：“做前期预算时，要考虑三个方面——店面规模、自有资金、筹建期间的运营费用。”

前期预算图

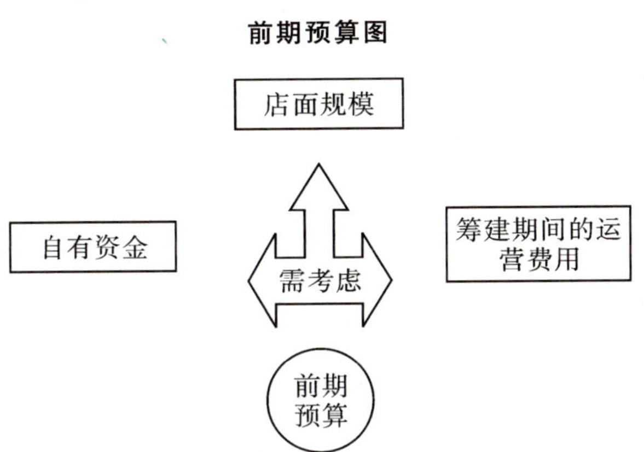

多多听得很认真，怀里的丢丢（小狗）很无辜地望着两人，有些莫名其妙，也许在想为什么主人不和它玩耍了呢，只好快快离去，钻到桌子底下呼呼大睡。

多多的资金只有十万元，如何用有限的资金将店铺运转起来呢？

“钱多就花大钱，钱少就花小钱，只要有办法能让钱滚钱，钱多钱少只是一个概念性的数字而已。”

小马哥耐心十足地替她分析，教她如何养一只能下金蛋的鸡。

“一般来说，根据市场调查及实际需要就可以确定开店初期所需的资金，就能确定预算是多少。首先在资金少的情况下，最好是去租一间小铺子，而不要去找转让的旺铺。因为你并不确定店家做得好好的为什么出让，也许是有别的隐情。在这个二线城市，一间十几二十平方米的服装店的转让费大概需要好几万块。若一开始便投入这么一大笔钱，今后的运营过程会非常吃力。不如多备一些粮食和弹药，因为我们打的是持久战。”

多多将手里的几份资料递过去，那是她从中介那里得到的门面信息。在几个离家较近的店面中，选择了两家租金相对来说较为公道的店面。如果能把价位谈到两千，还是可以接受的。

小马哥并不着急帮忙选择门面，而是要先看一看多多根据自己的市场调查做的预算表。

她把粗略的新店资金预算给小马哥过目：

<table>
<tr><td>店铺租金：12000 元（半年）</td><td rowspan="2">新店资金预算</td><td>模特 & 海报架 & 价格牌：1000 元</td></tr>
<tr><td>装修费用：5000 元(租金稍贵一些的原因是店面原本就是精装修的)</td><td>首次进货费用：20000 元</td></tr>
<tr><td>水电：200 元 / 月</td><td colspan="2">总共约为：38200 元（投入 5 万元资金，剩下 11800 元为周转资金）</td></tr>
</table>

模特和价格牌实际上属于一次性费用

属于一次性投入的费用

小马哥不愧久经沙场，一眼就从预算表中看出了问题："丫头，你的预算表当中有些是一次性费用，有些是待摊费用。至于这个待摊费用，用你小苏姐姐的会计语言来解释肯定很枯燥，我的理解会更有意思。"

"说说！"多多从冰箱取出两支"可爱多"，递给他一支。

"冰箱里一定还有很多冰激凌吧？"奇怪，小马哥并没有回答前面的问题。

"嗯，和你说的待摊费用有什么关系？"多多最喜欢巧克力味的冰激凌，往往买一大堆放冰箱。

"夏天是你最爱的季节，因为可以肆无忌惮地吃冰激凌。这个习惯看来还是没有改变啊！看在冰激凌的份上，我这就给你一一解答。我记得有一年夏天，你生病了，你妈不许你吃冰激凌，你就买了十盒冰激凌存在我家的冰箱里，和我约定好：每天过来吃 1 盒，用时不超过 3 分钟，这样就可以不露一丝马脚地骗过你妈。孰料，一周后，你的感冒更严重了。结果，我们的秘密很快被大人们发觉，你这个叛徒不仅不感激我替你收留冰激凌，还把我一并供出来，连累我被我妈打得鼻青脸肿。那是一个黑色的夏天……"小马哥回忆着不堪回首的童年生活。

“哎呀，不打不相识嘛。再来一盒！”多多一副讨好的模样。

“哎，真拿你没法子。当时，我是这么考虑的：以你的消耗能力，一天一盒没问题，也不会加重感冒，有可能还会降温，就答应替你保管冰激凌。没想到，你这个丫头趁我不注意，现场吃一盒，还偷偷带走一盒，我猜你肯定是在路上消灭它的。5 天后，你的冰激凌就已经消耗一空。你哭着喊着，怪我偷吃了你的冰激凌时，鼻涕眼泪一大把。我真担心那两条黄色的‘毛毛虫’会被你吸进嘴巴里去，于是乎拿出自己仅有的 20 元零用钱赔给你 10 盒冰激凌。鬼灵精，你自己算算，这 10 盒冰激凌是一次性买入的，即使你一天消耗 2 盒，也够吃 5 天。这五天内，我依然能保持对这 10 盒冰激凌的控制权，想起来也能尝上一口。孰料，你却用你惊人的爆发力花了 2 天就将它们消灭得一干二净，所以我一次性支付的 20 块在 2 天内就被摊销一空。”小马哥真记仇。

“嘿嘿，宰相肚里能撑船！”

“好啦，我可没那么小气。冰激凌的故事该让你明白这个概念了吧？我再说得明白点。比如模特和价格牌，除非你把顾客惹毛了，她拿你的模特出气，踢了一脚就缺胳膊少腿，否则它们是很坚实耐用的。呵呵，这样的就属于一次性费用。还有，装修也是一次性投入的。装修方面，因为现在时间不多，不建议大装，除非是 50 平方米以上的大店。若不太大，差不多就行了，没必要在装修上花时间。做类似这种外贸货，有一个比较稳妥的装修方案就是米色的墙，用乳胶漆就好，不要用墙纸，又贵又麻烦。顶不要吊，越高越好，空出来，有空间感，也刷上米色。地面用木色地板就好，整体看上去比较舒适。然后用灯光去做店铺的氛围，灯一定不能省钱，因为容易用坏，属于耗材。尽量买品质好点的灯，否则日后坏了好麻烦。灯用黄光，大功率射灯。货架不要打柜子，太贵太麻烦，以后也不好调整。买些好看的货架堆衣服就是了，如果店里地方大，买个沙发放中间区隔一下，看起来就很不错了。如果经过深思熟虑真决定开店的话，那现在就一个词：速度！先把店开起来，不足的地方再慢慢一点点改进。”

“好的，记住了：少量多款进一些比较经典的款式，装修以节约为主。”多多的悟性不错。

“至于房租嘛，你做了半年的预算，但是并不是一个月就会消耗完的。而水电你只考虑了第一个月的费用，为什么不把半年的放在一块核算呢？这样一来，在半年的预算表中可以看出，哪些费用可控，哪些变动成本不可控，一目了然、清清楚楚。这一点以后问问你的小苏姐，她做工业会计久了，成本这一块很在行。”

“哦，我明白了，你的意思是做好半年的资金预算，分清楚固定成本和变动成本，这样可以轻松控制成本，尽量不超出预算。”

孺子可教也。小马哥很欣赏多多爱动脑子的好习惯。

“不过，你的这张预算表还是没有能够细化到让我完全不担心你会亏本。好好结合你的市场调查，做好服装店格调定位，进货的费用会占很大的比例，我的意思是服装定价这个问题必须要权衡好。贵了没人要，便宜了没人理，那可不成。”小马哥提醒道。

多多开始谨慎起来。除此之外还有什么需要注意的吗？问题貌似越来越多，不问不知道，一问吓一跳。迷雾重重的筹建期，就被一堆问题难倒了。

小马哥拿出随身携带的马克笔，在预算表上做了一些补充。

对于一个 20 平的服装店来说，每款衣服、每个尺寸、每种颜色一般需要2~3 件库存。店面越大,存货就要越多,周转资金就要求越多。一般第一次进货在 2 万块还是比较合适的。根据日后的销售状况，每两周集中进货或者补货。

资金预算表一

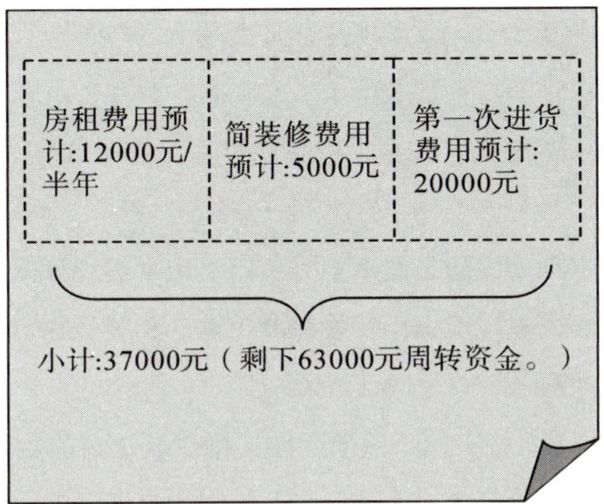

资金预算表二

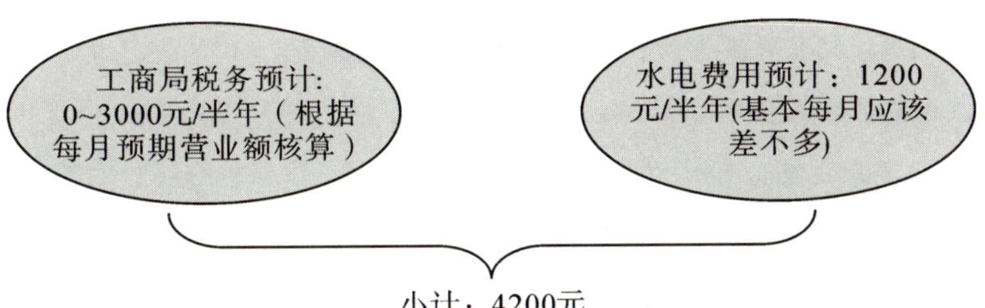

资金预算表三

货架：也是个大头，好在选择的门面租金中包含了这一项（房东提供了货架）

模特 & 海报架 & 价格牌:1000 元（模特，也是不小的一个开支，中低档的在 100~200 元每个，高档的也有上千的，如果暂时不考虑橱窗设计，可以买几个低档的）

其他 500 元流动资金即可。

小计：1500 元

由此得出，半年的预算合计为 42700 元。

理想一点，将人工工资计入预算表（这是劳动所得，否则等于白忙活一场，按照 2000 元 / 月计算），半年的预计费用为 54700 元，支撑一年就有困难了。如果出现临时需要补货或者压货的现象，就成了赔本的买卖。但从预算中可以看出，只要进货有眼光，销售得出去，这 10 万元支撑半年是完全没有问题的。

多多一边听着小马哥忽上忽下的分析，一边拿着计算器算着，心里念叨着："开一间店的成本真不小！处处都得花钱！我想买的包包和衣服看来得石沉大海了，没赚钱之前得对自己手紧些。"

"不仅是那些华而不实的小欲望，你还得改变之前的生活方式。以前你在事业单位工作，衣食无忧。现在没有人为你的自由买单，你成了给自己发工资的人，还有为数不少的经营预算，所以必须量入为出，不仅不能像过去那样'月光'，还得在生活和经营中计划着如何理财，不能让店铺的资金链由于现金管理不善而断裂。"

数字是直观的，10 万块看起来不少，可经过小马哥的分析，对于创业来说实在是捉襟见肘啊。多多感觉像是在"欢乐谷"坐了一回过山车，惊魂甫定之后才发现财务的重要性——数字能压惊。不过，这样的预算依然还不能称为保守预算，因为不可预知的问题还没有出现。前方虽然不再黑暗，但依然迷雾重重。只有慢慢探索这谜一样的学问，勇闯数字关，才能做个轻松的美女老板。

05　过来人的经验必须听

基础理论有了，但多多对开一间服装店的实际流程仍旧一窍不通，于是给小马哥打电话请教："我的金算盘，如何快速、顺利地注册一家服装店，过程是不是很繁琐？"小马哥回味着多多赐他的这个外号，乐呵呵地答道："其实注册一家个体工商户没那么难啊，又不是注册公司。首先，你要决定是打算单枪匹马还是合伙，然后给店铺取个名字再到工商局核准。名称不能太常见，否则的话很容易撞名，手续费也就十几块吧，现在不知道有没有涨价。”

“哎呀，你就给我讲讲吧！别卖关子！”多多极力地讨好。

“好啦，办理个体工商户所需的营业手续前得准备好你的身份证、照片、投资总额计划、经营场所（房屋产权证复印件）及租赁合同。然后，带着我说的这些资料到当地工商局核对名称进行登记。等工商局把你的营业执照批下来，就去公安局指定刻章的地方刻公章和财务章。最后，去税务局办个税务登记证、购发票，在当地银行开个基本账户就搞定了。”小马哥熟练地边回忆边说给多多听。

此时的多多满脑子都是问号，看来在清水衙门喝茶看报的日子愣是把一代青年才俊变成了反应慢半拍、与社会脱轨的寄生虫。多多像块吸水的海绵般，又问了小马哥开店还需要注意哪些事项。

“其实呀，办理一个服装店的开业手续并不难，难的是如何经营，如何把自己小小的服装店的生意做得红红火火。这就需要你在开店之前做充分的准备了。第一，你应该对你打算开店的地方的消费者的消费水平、消费习惯、趋势做一个比较深入详细的调查，免得让你爸妈的钱打水漂，得不偿失！第二，当然就是选址。选一个人流量大的地理位置相当重要。如果确定了店址，你就应该依据当地的具体情况进行具体规划。比如在白领进出频繁的CBD繁华地段，如果开一个哈韩、哈日的青少年服装店或者中老年服饰店的话，你就等着关门吧。第三，你不能完全依据自己的喜好来决定服装店的类型，因为你喜欢的，不一定就是大多数人喜欢的。所以说，市场调研和消费者观念和水准的调研是开店之前非常重要的工作，一定要根据实际情况来做决定！第四，你就应该像上次那样去服装批发市场联系服装供货商，如果一开始不熟悉，可以在服装批发网站上搜索，比如阿里巴巴什么的，可以查询到许多供应商的联系方式。这些等你买卖做大了，开服装公司的时候一定用得着！”

挂上电话，多多火速把小马哥说的统统记下。

几日后，多多把开业手续都准备好了，只等批复了。闲着也是闲着，不如和小苏姐学学怎么做账吧。

“你这小店是个人独资还是合伙经营？”小苏问。

多多歪着脑袋：“目前还没考虑到这，初衷当然是自己想当大王。合伙多没劲，尽得听别人的！”

“既然是自己当老板，也不打算找人入股，那就自己给自己规定财务规则吧，别做那些偷税漏税违法犯罪行为就行！这个等店面开张了再慢慢做，眼下你需要关注的是怎么学会计业务。”小苏鼓励她。

“是是是，姐姐分析的太对了，我给你弄点喝的。好好给我上上课！”多多还挺谦虚。

不到三分钟，多多就煮好了一杯新研制的鸳鸯奶茶。

小苏尝了尝，味道不错，开始正式授课：

“商业有两个环节，即批发和零售。第一步得从购入商品说起，以我的工作流程为例：商品验收合格后，采购员就必须带着新购的商品到仓库去办理入库手续。仓管对照入库单，清点货物的品名、规格、数量，确定无误之后开出入库单，这是第一步。”

“接下来呢？”多多边说边给小苏加了块方糖。

小苏喝两口奶茶，味道真不赖，值得回味。

“第二步就是记账工作了。会计凭入库单与购货发票填制记账凭证。一般从程序上来说，仓库办好的入库单应由仓管递交财务部。大企业会有ERP系统，软件的好处就是整合企业资源，省去了各部门员工跑断腿的中间环节。入库单会在系统中显示，直接流转到财务部门，会计此时就会在可见信息中收到了这一提示。你这小作坊，采购、销售、仓管、会计都是你，这一步可酌情省略。具体情况具体分析，我把方法告诉你，你自己设计流程吧。”

“记账?”多多脑袋里的蚂蚁们开始排列整齐，吹响了号角。

小苏见她满脸问号，想着用更简便些的语言让她快速消化，说道：“别一听记账就发懵，知道你数学差，没学过会计，所以先给你讲一讲理论体系。会计流程其实简单得很，你只需记住做凭证、记账、汇总、算总账、做报表这五个流程即可。”

多多知道被姐姐看出了自己的那点心思，有些不好意思：“哎，听起来就复杂。就拿刚才你提到的入库单来说，财务究竟怎么做账啊?如果批发商不给发票该怎么办?”

这确实也是现实问题。

“好，就拿这个给你举个例子吧。很多供应商发出货物之后，不一定立刻开出发票，有可能次月补开。这时候做暂估处理即可，等发票来了再做调整，具体的步骤以后我会教你怎么操作。如果发票随货走，情况就没那么复杂，直接按照发票的票面金额记账。”小苏喝着多多亲手煮的奶茶，觉得味道好极了，这让她有了好心情继续讲课。

“会计是一门听起来很枯燥乏味的专业，但是原理学会了，业务弄懂了，你也会像喜欢衣服一样喜欢它的。咱们来说一说接下来的流程——销售。服装店开着不是为了做服装秀，你花了大力气和大价钱买来一批衣服，也得想办法卖出去才能赚到钱。这个我教不了你，但我能告诉你会计上的一些处理方法。一旦你的衣服卖出去，会计就可以把开出的销售发票和出库单一同做主营业务收入。”小苏很有条理。

多多赶紧拿出纸笔做笔记，边写边问：“我打算开间小铺子，也要开发票吗?”

小苏笑答：“这个由你决定，生意总会做大的，要对自己有信心哦。”

多多用力点点头。

“其实商业会计并没有那么复杂，只是在库存管理方面需要大量的核算工作，这也是会计工作最繁琐的内容。有些零售商店，如超市、小卖部、商场等，经营的商品种类繁多，规格多到营业员自己都记不清。所以在零售业领域，除了有好记性，还得懂得如何管理。大批量的商品林林总总，堆成小山，从入库开始，就和会计脱不了关系。等进货之后，我帮你做一个库存盘点的 EXCEL 表格，一目了然。否则稍稍不留神就容易出错。买重样了，或是买多了，劳民伤财。”小苏将会计要点娓娓道来。

笔记本上有了这几个重点：入库、发票、销售、库存盘点。

很好，再接再厉！虽然还是一头雾水，但至少小苏提了提重点，就像大学期末考，老师挑出重点让你背，考试简直就是小菜一碟。与其啃书本，不如带着军师的锦囊在实战中轰轰烈烈地战斗吧！

多多的母亲给她们端来一盘水果。

两个姑娘相谈甚欢，边吃水果边探讨。

“姐，你刚才讲的库存管理，我还挺有兴趣。店小，我真怕自己一时控制不住，把喜欢的衣服一股脑儿全部买回来，万一卖不出去简直赔了夫人又折兵。呵呵，能说具体些吗？”

小苏用牙签叉了一块苹果递给她，继续回答这个追加的问题。

“现在的企业因为有了财务软件，比如用友、金蝶、SAP 等，所以库存管理这一块只需要用电脑来控制，不需要完全依靠人脑，减少了很多工作量。我们单位是制造业，虽然涉及表面上看起来相当复杂的成本核算，但电子化的工作实际上没那么复杂，工作量相较而言反而小。会计准则统一后，所有的会计科目都一样，但是在核算上还是有一定差别的。比如门口的奶茶店，它卖的是产品，核算上就等同于一个微型加工厂。一家翻译公司，它提供的是服务或技术支持，几乎不可能有库存商品。而你的这家即将营业的小铺子卖的是衣裳，你就不能保证买回来的衣服会被一抢而空，总会有剩余。

所以你要学会记库存商品账。”

多多在笔记本上飞快地加上几行字。

06　计划书新鲜出炉

“先给她讲讲，需要注意些什么。”妈妈在一旁突然发话了，她提醒道，“这个小迷糊虫从来不当家，买了一大堆巧克力，冰箱里放几块，抽屉里放几块。上回我打扫屋子，床上居然还有一块没吃完的。想吃的时候找不到，不想吃的时候，巧克力被蚂蚁侵占了。小苏好好给她上上课，省得以后衣服裤子乱成一团。客人等到化成雕像，她恐怕还在库房乱翻呢！”

“但是您不觉得找东西是件很有趣的事情吗？突然有一天，你发现找了很久的东西奇迹般出现了，会有初恋般的感受。像我这么独立的人，妈妈可不可以给我点自由呢？”多多卖萌撒娇地和母亲拌嘴。

“等你的店铺开张，妈送你一箱方便面，才不给你送饭吃呢，让你好好独立哟！”母亲威胁道。

“嗯嗯，妈妈说的总是对的。”老妈这一招着实厉害，多多服输，举了小白旗，继续做笔记。

看着娘俩斗智斗勇的模样，小苏乐了。

“好了，你俩别斗嘴了。妈妈做好后勤工作，多多才能冲锋陷阵。丫头别不服气，你妈说得对，库存管理相当重要。光知道概念可不行，你必须在进货后就在库存商品账里记录金额、数量，到了月底还要根据库房里的存货对一次账，做到账实相符。如果不相符，还要像记者一样，抽丝剥茧去发现问题，找到缘由。从源头查起：是进货时搞错了数量？还是填账本金额时花了眼？当然，也有另一种可能：盘点时出了错。所以一次不对，要再点一次。两次不对，那就是历史遗留问题了。我一般只记金额，库存明细账的数量一般是由仓库的管理员负责记录的。不过你这个小超人以后最好都要记，信息量越多，将来解决问题就有许多线索，这是我的建议。”

父亲负责在多多不清醒时泼冷水，母亲负责后勤工作，小苏是会计军师，小马哥是经营军师，有了这四大护法，多多心里也渐渐有了自己的主张。

8 月						
星期一	星期二	星期三	星期四	星期五	星期六	星期日
						1
2	3	4	5	6	7	8
9	10	11	12	13	14	15
16	17	18	19	20	21	22
23	24	25	26	27	28	29
30	31					

两个 8，一定发！哈哈！

一个星期之后，在小马哥的帮助下，多多终于在预算之内找到了合适的门面。趁着装修的功夫，多多打算好好学学自己最不擅长的会计。

小苏的笔记上总是密密麻麻的，好认真！多多喜欢从别人身上学到精华，索性找来有意思的图解一并理解。

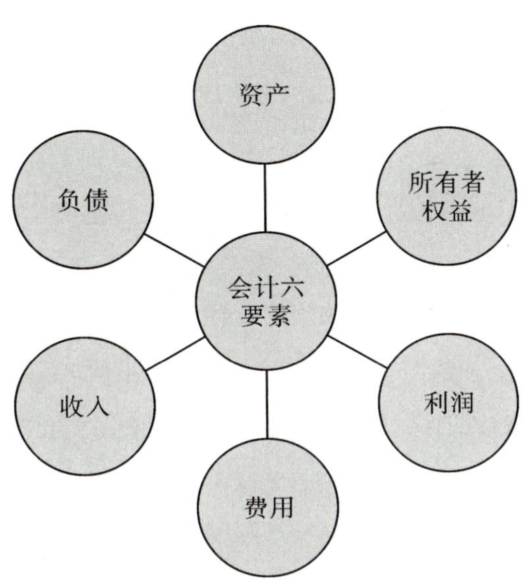

小苏画的这六个球倒是怪有意思的，这六个球之间看似有一些妙不可言的关系。

多多回想起那天在批发市场和小马哥的聊天，她在考虑：一条街好几家都是卖童装的，我的店该如何定位呢？

小马哥说过，服装生意的要素有四个：定位、货源、眼光和运气。一个店什么档次的衣服全卖，在菜市场旁边卖江南布衣，在江南布衣的柜台卖地摊货，这就是错误的定位。没人会在西餐厅点麻辣烫吃。定位不对，就算是在销售上使出浑身解数，也往往是事倍功半。选好一个小店，好过做一个大铺子。如果在一条商业街，有的卖女装，有的卖童装，有的卖老年服饰，货品类别完全不一样，将来根本无法分享这条街培育起来的顾客群，因为消费群体太散。如果这条街都在卖童装，只要眼光好，选择的款式独特，把新店定位在中低档，一定能吸引不少年轻的妈妈或者负责带孩子的老人们。

小铺子开张初期，首要的会计工作就是建账，考虑后期经营需要涉及的科目。这就好比装修一家铺子，先要做好构架，需要什么就建什么，哪里需要空出来放货架，哪里需要放柜台，哪里挂衣服，哪里放鞋子，统统都得计算好，留有余地。

多多这几天一直在看小苏的笔记，心里还是没谱。前几天给小苏打电话频率太高，手机快停机了。

正想着怎么联络她，亲爱的姐姐已经主动来送关怀了。

"干什么呢，老板娘？"小苏第一次来店里，虽然还没有完全装修好，但她很喜欢多多的设计图，尤其是门头设计。不仅孩子们会喜欢，连成人看了都会心情愉悦。那设计简直没话说，无懈可击！

"在当好学生呀，开店比我想象中难得多，光是你那些术语就看得我眼冒金星，说重点吧！"多多有些小贪心，直奔主题去了。

"会计科目林林总总，一时间消化不了很正常。你记住一点'有借必有贷，借贷必相等'这句话就行了。左手是你拥有的店铺资源，包括你进回来的货啊、你花钱买的货架模特啊。再看看我的右手，里头装了两样东西——负债和所有者权益。双手合十，是不是一般大小？这就是'资产 = 负债 + 所有者权益'。这三大件里头又划分密密麻麻的科目，有的科目能细致到如你买抹布的钱。"小苏这么一解释，清楚多了。

多多问："服装销售的会计账主要是哪些？"

"服装销售一般采用电脑（软件）进出账，每天有现金、转账、挂账，当天的营业额就按这现金、转账、挂账登记。你只需要做现金日记账、银行存款日记账和总分类账就可以了。月末根据这些账算利润。年末再编制资产负债表就可以分析服装店的财务情况。"小苏的解析精准到位。

多多接着提问："那我是不是只需要做好每天的现金流水账就可以了呢？"

“没错，用大白话就是这么理解。每天只要统计数量，然后分类，做好你的现金流水账，也就是收支存报表就可以了。这张表相当于正规企业里的现金日记账。搞清楚大方向，我们顺着说细节。几天前，我在电话里头和你提过库存商品明细账，光是这本账就能让你晕头转向。记得准备一本厚厚的账本，每月盘点一下，做到账实相符。

对于企业来说，银行日记账很重要，可以帮助管理者掌握资金进出与余额情况。大企业的账户能多达十几个账户，光是对账就让财务部吃不消。你的铺子现金交易为主，除了熟客会暂时拖欠货款生成一些往来账外，业务很简单。做好流水账，每晚离开时把库存现金和账面余额对一下即可。

晚餐时间到，母亲送来了饺子，有肉有菜，面皮筋道，这个后勤主任做得还是不错的！市场有风险，人生能有几回搏，吃饱肚子向前冲！

【天使爱学习】

资产

按资产的流动性大小不同，分为流动资产和非流动资产两类：

流动资产类由货币资金、交易性金融资产、应收账款、预付账款、其他应收款、存货项目和待摊项目组成。

非流动资产类由持有至到期投资、可供出售金融资产、长期股权投资、固定资产、无形资产和长期待摊费用等项目组成。

资产是指过去的交易、事项形成并由企业拥有或控制的资源，该资源预期会给企业带来经济效益。资产按其流动性可以分为流动资产、和非流动资产。

根据定义，资产具有以下几个方面的特征：

1. 资产预期会给企业带来经济利益

如果某一项目预期不能给企业带来经济利益，就不能将其确认为企业的资产，前期已经确认为资产的项目，如果不能再为企业带来经济利益，也不能再将其确认为企业的资产。

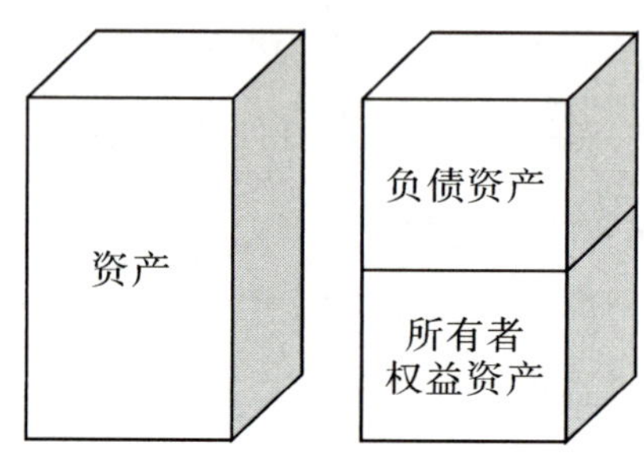

资产＝负债＋所有者权益

底下还有几行小苏娟秀的字迹，是特地用来提醒多多的：

新准则里已经取消了待摊费用科目。新开张的贸易公司，前期开办费可以直接计入管理费用。办理开业手续的费用、店铺装修费、采购费等开店杂费等开办费于经营开始时一次性摊销。房租如果时间比较长，可以分期摊销到管理费用里。

2. 资产应为企业拥有或者控制的资源

通常在判断资产是否在时，所有权是考虑的首要因素，但在某些情况下，虽然某些资产不为企业所拥有，即企业并不享有其所有权，但企业控制这些资产，同样表明企业能够从这些资产中获取经济利益。

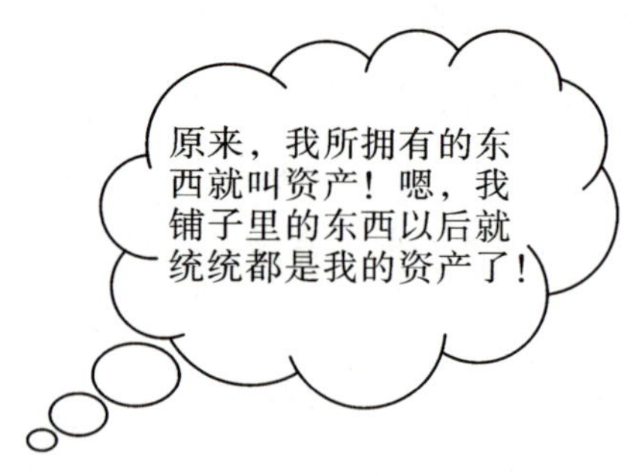

多多一想到这，忍不住笑出了声，畅想着当老板娘是什么美妙感觉。

3. 资产是由企业过去的交易或者事项形成的

只有过去的交易或事项才能产生资产，企业预期在未来发生的交易或者事项不形成资产。

下面又是小苏的提醒：

按负债的流动性不同，分为流动负债和非流动负债两类：

流动负债类由短期借款、应付账款、预收账款、应付职工薪酬、应交税费、应付股利、其他应付款等项目组成。

非流动负债类由长期借款和应付债券组成。

按所有者权益的来源不同，由实收资本、资本公积、盈余公积、本年利润、利润分配等科目组成。

收入是指企业在销售商品、提供劳务及让渡资产使用权等日常活动中所形成的经济利益的总流入。

费用是指企业为销售商品、提供劳务等日常活动所发生的经济利益的流出。

利润是指企业在一定会计期间的经营成果，包括营业利润、利润总额和净利润。

多多脑袋有些沉，大约是白天累坏了，大概翻一翻提纲，不懂的以后再问吧。多多再次陷入了对于当老板娘的最终幻想当中：她风风火火地在自己店里张罗生意，钞票像长了翅膀一样向她飞来……

门外汉做服装生意要了解的东西太多了，但只要抓住其中的关键所在，基本上就可以独当一面。绝不能把成功店铺的方法简单地复制到自己的店铺上，以为可以减少洽谈、签约、采购、结算等麻烦，减轻管理、压货等负担。其实这样做的风险很大。所有的鸡蛋不能全放在一个篮子里。一个品牌，能给所有的店铺带来赢利固然是好事，但要是搞得不好，品牌合作方面或者说货品方面出点问题，那就全完了。影响服装生意的因素是在太多了。在库存、营销和售后方面管理不到位的话，再有生意头脑的老板也会遭遇惨淡经营。拿到价格最低的便宜货并不是优势，拿到合适的货才是优势。合适的货品以合适的价格采购回去，赚到了钱才是最大的优势。性价比高才是关键中的关键，未来的趋势是品质与服务占优势，而不是价格第一，毕竟顾客的消费习惯和消费意识正在一天天地改变和提高。不过，这会计看起来可不是一朝一夕就能速成的。光看看这些概念脑袋里就开始一团浆糊了。还是想想开店初期该准备哪些会计用品吧。

一看表，午休时间，小苏应该没啥事。

这个月电话费够呛，还是上手机 QQ 找她吧，该省的得省着点花！

人不在线，给她留言吧！

小苏一直没有回复，正巧装修师傅赶来为多多粉刷店面，时间控制得刚刚好！师傅按照多多的设计图，干净利索地把店内墙面刷成嫩嫩的米黄色。等服装店的门头做好，店铺就可以很快开张了。好期待啊！

白日梦还没做完，还有一大堆事情等着她呢。广告公司的工作人员又打电话过来问她，门头的 LOGO 打算怎么做。

放朵向日葵！小妮子的梦想就是开一间漂亮的店，洒满阳光。明黄色总让人心情愉悦，加上橙色的店名“天使爱美丽”，门头看起来一定很有回头率。

晚上，拖着疲惫的身体从店里赶回家，一打开电脑，小苏的 QQ 头像闪烁了起来。

她给多多留了言：

妹，中午在忙。

服装店是不需要什么会计工具的，一本流水账就够了。如果你想多学点会计知识，可以把自己的店当作一个小公司来打理。一般来讲，六本账本足矣：现金日记账、银行存款日记账、三栏明细账、多栏费用账、商品账、总账。你那小店只需要买本现金日记账记一记，其他的可以和汇总表和财务报表一起用 EXCEL 做，以后我教你。

哦，记得再买些记账凭证、凭证封皮、装订线，还有装订凭证的小工具，这些在会计用品商店都有卖的。少买一些，你的经营项目和产品比较简单，可以合并在一起记账，记得让人家开发票给你。

【天使爱学习】

常用会计科目表

序号	科目代码	总账科目	序号	科目代码	总账科目
一、资产类			14	1401	材料采购
1	1001	库存现金	15	1402	在途物资
2	1002	银行存款	16	1403	原材料
3	1012	其他货币资金	17	1404	材料成本差异
4	1101	交易性金融资产	18	1405	库存商品
5	1121	应收票据	19	1406	发出商品
6	1122	应收账款	20	1407	商品进销差价
7	1121	应收股利	21	1408	委托加工物资
8	1122	应收利息	22	1471	存货跌价准备
9	1123	预付账款	23	1501	持有至到期投资
10	1131	应收股利	24	1502	持有至到期投资减值准备
11	1132	应收利息	25	1503	可供出售金融资产
12	1221	其他应收款	26	1511	长期股权投资
13	1231	坏账准备	27	1512	长期股权投资减值准备

序号	科目代码	总账科目	序号	科目代码	总账科目
28	1521	投资性房地产	57	2901	递延所得税负债
29	1531	长期应收款	三、所有者权益类		
30	1601	固定资产	58	4001	实收资本
31	1602	累计折旧	59	4002	资本公积
32	1603	固定资产减值准备	60	4101	盈余公积
33	1604	在建工程	61	4103	本年利润
34	1605	工程物资	62	4104	利润分配
35	1606	固定资产清理	63	4201	库存股
36	1701	无形资产	四、成本类		
37	1702	累计摊销	64	5001	生产成本
38	1703	无形资产减值准备	65	5101	制造费用
39	1711	商誉	66	5201	劳务成本
40	1801	长期待摊费用	67	5301	研发支出
41	1811	递延所得税资产	五、损益类		
42	1901	待处理财产损溢	68	6001	主营业务收入
二、负债类			69	6051	其他业务收入
43	2001	短期借款	70	6101	公允价值变动损益
44	2201	应付票据	71	6111	投资收益
45	2202	应付账款	72	6301	营业外收入
46	2203	预收账款	73	6401	主营业务成本
47	2211	应付职工薪酬	74	6402	其他业务成本
48	2221	应交税费	75	6403	主营业务税金及附加
49	2231	应付利息	76	6601	销售费用
50	2232	应付股利	77	6602	管理费用
51	2241	其他应付款	78	6603	财务费用
52	2501	长期借款	79	6701	资产减值损失
53	2502	应付债券	80	6711	营业外支出
54	2701	长期应付款	81	6801	所得税费用
55	2711	专项应付款	82	6901	以前年度损益调整
56	2801	预计负债			

【财女宣言一】

想赚钱先省钱

创业并不意味着百分之百能赚钱，它是严肃而华丽的冒险游戏。市场有自己特有的游戏规则。有了梦想和勇气，但切记不可横冲直撞，学会理财是成功创业的关键。创业赚钱不是一件坏事，它的艰辛可以抵销我们的依赖思想，不会让我们成为金钱的奴隶。钱不是人生命中最重要的东西，不过当人们因为养儿育女、疾病缠身而缺钱时，钱会成为救命的稻草。对于创业女性来说，在赚到足够的钱之前，必须先控制欲望，因为创业之初必定历经满路的荆棘，必须把每一分钱花在刀刃上，否则无情的市场规则有可能会让你的本钱赔个精光。

如果你符合以下几个条件，那么挥霍无度的你真的该克制一下自己的消费欲望了：走到商场准备购物就觉得异常兴奋，花钱买下心仪的衣服之后马上心情会变差；衣橱里塞满了3件以上没穿过的新衣服；把参加朋友的婚礼或者同学会当成Shopping的借口；信用卡超过3张，收入还不够还账单；每月的交通费、置装费，以及和朋友唱KTV、吃饭等娱乐费用超过了一大半收入。

选择简朴生活方式的女人是智慧的。当商场和淘宝不断创造销售奇迹的时候，聪明的女人从不追赶潮流，宁愿买一件高品质的商品，也不要不停地买许多特价瑕疵品或者暂时不需要的囤货。生活质量不是越来越多的漂亮衣服、名牌包和化妆品堆砌而成的，而应体现在一些别的方面，比如享受生活，维系朋友之间的关系，表达对家人的感情或者亲手DIY制作需要的小饰品、日用品等。有人替国内一线女星赵薇算了笔账：出道三四年，唱片销出270万张赚4050万元，12个不同产品广告3300万收入，再加上9部电视剧和9部电影收入，身家已近1亿，这还只是2001年的数字；如今电视剧叫价一集10万，可惜这两年她不拍电视剧，电影则是100万一部从不二价。

可这个已经成功转型做了导演，偶尔也在电影里露面的女人却生来节俭，越有钱就越省钱，有时候每天用几十块钱就够了，赚回来的钱全放在妈妈的银行户头里。她说，我宁可回到普通人的生活，环游世界。

要做一个富有的女人，首先得改变花得比挣得多的消费习惯。如果每月学会记账，减少不必要的娱乐开销，每月省下几千元不算难事。财富的累积速度本来就需要时间帮忙，不要总是怨叹自己是“月光族”，却又羡慕那些开名车、有钱周游世界的大闲人。创造财富的第一步，就是要先改变目前的消费习惯。像做创业预算那样给自己的生活也做一份消费预算，列出每月的必要开支，如房贷、车贷、生活费，以及请客吃饭、看病买药、人情往来等变动成本。并且为你的梦想清单积极做好定期储蓄，把每个月省下的钱存进梦想账户。 按照预算过生活，并不会缩手缩脚，因为你有权利支配自己的金钱，并按照自己的意愿生活。

做到每月最多可以省出多少钱的计划后，再考虑如何去挣更多的钱。金钱只是一个数字，量入为出，我们才能有能力获得更多的钱。想象一下你穿着剪裁得体的礼服参加精英云集的聚会，或者和家人一齐漫步海边，或者边喝咖啡边用平板电脑看电影消磨整个下午的情形吧。想象得越多，你的愿望就会越强烈，你就会开始寻找机会实现财务自由。一个好的商机加上你的聪明才智，自信大胆地去做你喜欢做的事，就会抑制住你的恐惧心理。当你朝着积极的目标去思考的时候，就不再心生畏惧！

Part 2
开店五件事，样样不简单

07 单枪匹马还是合伙经营，这是个问题

智者千虑必有一失。做预算的时候忽略了许多杂费，筹建期间多多才发现资金有些吃紧。要不要考虑合伙经营呢？

小苏劝告多多，个人独资企业和合伙企业区别很大，相关法律制度一大堆。《合伙企业法》规定，合伙人有下列情形之一的，经其他合伙人一致同意，可以决议将其除名：①未履行出资义务；②因故意或者重大过失给合伙企业造成损失；③执行合伙事务时有不正当行为；④发生合伙协议约定的事由。对合伙人的除名决议应当书面通知被除名人。

小苏姐的笔记真周全，连合伙经营和独资的内容都有！

看起来，合伙经营很麻烦呀！

小马哥来店里支招："我可以提供经营战略，合伙就算了，多麻烦。你这小铺子，单枪匹马才能施展得开。不管去哪里拿货，拿货人的眼光、审美观都很重要。你们小姑娘不都挺喜欢看韩剧的吗？没事的时候多翻翻时尚杂志。别人卖得好的，跟风未必卖得好。一定要考虑地域的因素，款式可以大同小异，但是码数是不能忽视的。"

"嗯，说得对！"

“撞上一个好版，转手就能净赚上万块。多跑批发市场，多观察。跑得多了，慢慢就知道在哪里能拿到便宜的货，渠道自然而然也就摸清了。如果资金真的吃紧，少量多次拿货。去批发市场其实也是一种社交，和保安聊上一阵或者去小超市买瓶水，保安或者超市老板会告诉你哪家的货最好卖，他们也很乐意提供市场货品的大体情况，提供的信息都很有价值，让新手少走很多冤枉路。做服装，不能急，多花时间跑跑市场，把自己定位准了再下手，大胆别怕，能做得好的。”

“我会买衣服，但不会卖衣服，有什么销售诀窍提点提点呀？”

“低档货品的消费者考虑的首先是价格，其次考虑做工，版型和面料。如果某个消费者买的衣服从来不超过 100 元，那么他到店铺问衣服的价格，报价 120 元且不能讲价的话，他会扭头就走，根本不去考虑衣服的做工、版型和面料。而中档以上的消费者，档次越高对款式越敏感，对价格则越不敏感。如果款式好，版型、面料、做工都很好的衣服，七八十元进价，可以两百元卖给他们。刚开始闯荡批发市场，容易被欺负，先好好学习专业术语再进货！”小马哥不厌其烦地传授生意经。

【天使爱学习】

版和版型：版只是一个样子，即一个款式，由设计师设计出来；打版师把设计变为现实，具体的尺寸由他来掌握，打版出来的效果就是版型。

版和款式：一般行内人士称为版，行外人士称为款式。版只是服装的样子，主要指设计上和面辅料使用上的不同，而款式除了设计和面辅料元素外，对花色、颜色的表达也更为明确一些。

爆版：指比较好卖的、畅销的版。

补货与补单：补货是指换季上新货之后的后续进货，包括补好销的旧版货和上新版货。补单一般是一批跟工厂下单做好销的旧版货。

炒货：经销不是自己生产，或不是自己下单生产的货品，叫炒货。

大路货：主要是指中低档的，不走加盟，走批发路线的服装产品。大部分大路货没有注册商标。

档口：精确一点是指一个个间隔开来的摊位、柜台。但在广东这边，一间间的店铺也有很多人习惯称之为“档口”。

吊牌：挂在衣服上面的纸牌或铁皮牌子之类的玩意，内容有企业以及品牌、服装的信息，如品牌的注册号、合格证、价格、条形码、品质承诺及退换条件等，有的还有形象代言人。

吊牌价：吊牌上面的价格，有的是出厂就有，有的是经销商贴上去的。

二批：从一级批发商处炒货回来转手批发出去的商人。

仿版：俗称抄版。就是拿别人卖的款式，自己下单生产出来销售。

仿牌：盗用或模仿别人的商标。按其货品与原品牌接近的程度，一般分为精仿、高仿、中仿和低仿，与之相对应的说法是，超A货、A货、B货、C货等。

混批：不同的版、不同颜色、不同码数的货混合在一起批发进货。

窜货：是指没有控货的炒货。控货是指控制货品的市场流向，防止某个区域内出现两个以上经销商，避免相互压价等恶性竞争。

扣点：主要是指商场对专柜营业额的提成的百分比。

库存货：压在仓库里面的货，有可能是尾货，也有可能是整批的货因各种原因没有正常出货。

跨季换货：跨季度换货，拿换季卖不掉的货跟批发商换新货。

唛：也叫唛头，有主唛、码唛、袖唛、洗水唛之分。主唛一般缝在后领中间，也有贴的，有衣服的中文名或字母或LOGO，码唛有的跟主唛合二为一，有的缝在主唛旁边，有的缝在衣服腰部位置；袖唛，顾名思义，就是缝在袖口旁边，内容跟主唛一样；洗水唛一般缝在腰部，厂家用来标注服装的款式货号、面辅料成分、规格尺寸以及执行标准、安全类别、洗涤标准，等等。

齐色齐码：一般服装每个版会做两个色、两个码以上，采购是一个版拿完所有的色和码叫齐色齐码。

散货：也可以说是大路货。更精确一些，散货相对于品牌专卖而言，散货还可以包括组合经营的品牌，而且所经营的品牌并非一定是加盟性质的。

贴牌：制衣厂生产衣服，贴上别人的品牌，叫贴牌；很多大路货没有唛和吊牌，经销商自己拿唛和吊牌放上去，也叫贴牌；经销商把衣服上别的唛和吊牌去掉，换上自己的，也叫贴牌。

外贸服装跟单货：工厂擅自跟着外贸服装原单货做出来的货品。有的跟单货在面辅料和做工方面与原单货完全一致。

外贸服装原单货：就是工厂生产的外贸服装的正品及其尾货。

外贸货：特指在国内非正常渠道销售的外国服装，而非指走正常渠道的外贸服装。

尾货：卖剩的货和工厂出货剩下的货，统称尾货。下架货也是尾货的一种。

下架货：就是从货架上撤下来，另外处理的货品。

一批：一级批发商。具体是指自己生产或自己下单生产，或总代理之类的批发商。

一手（货）：指一个版（色）的码数都各拿一件货品，两手（货）就是指一个版（色）的码数都各拿两件货品，以此类推。

杂款：一批货有很多种款式，且色不齐、码不齐。

撞款：即大家卖一样的货。撞款经常会因为彼此价格不一，造成价高者顾客的流失，极容易引起相互间压价的恶性竞争。

资料来源：服装探秘. 服装旺店的秘密［M］. 北京：北京大学出版社，2010.

08 采购成本的账务处理

万事俱备，只欠东风，就等着开业时间的到来。

时间是最不用费力气就能向前推进的，这位年轻的美女老板很快迎来预计开张的 8 月 28 日。小苏笑盈盈地送上鲜花来道贺。

多多领着小苏四处转了转，空间不大，衣服、鞋子、帽子都被收拾得井然有序。这是生活毫无条理的多多力所不能及的，幕后功臣应该是多多妈。

“多多，你这店麻雀虽小五脏俱全，看起来非常舒适，门口的灯箱和 LOGO 是孩子们喜欢的图案和颜色，一点也不输国际品牌，心思很细腻呀！除了工作餐，还有田螺姑娘给你收拾屋子，真幸福！”

“哈哈，小苏姐，你太厉害了。这么多货摆放得整齐干净，一定不是我的风格，自然是妈妈的功劳！”

“你是怎么说服你妈帮你做这么多事？”

“嘿嘿，我最近可孝顺了，在家天天洗碗，给爸爸倒茶，给我妈捶背，立志赚到钱给他俩分红。对了，你们家悠悠现在已经上幼儿园了，休息的时候你把她带来店里给我当活招牌吧，我正为我的自由斗争积极做准备！”

“你也太精了，呵呵，全家总动员呀！”

“哎，做老板嘛，自然是要懂得用人之道。我那么懒散，货自然是乱堆一气，一定会把店里变成垃圾箱的。有妈妈在，她的收纳能力超强，把我这小铺子的空间利用得恰到好处，我只需要及时提供纸箱、收纳箱、收纳盒，打扫打扫店铺保持整洁即可。”多多指着每一个收纳盒上的标签，继续给小苏介绍，“你看，我只需要动动笔，在每个盒子的标签上写好价格就行。下一次进货，根据妈妈给我整理的空间布局摆放，只要保持住这种井井有条的感觉即可，多省事！”

“你这个老板也做得太舒服了吧！”

“哪有，你这读书人想法也太简单了吧。你以为开一间店就只有这一点点事情吗？店里装修都是我一手包办的，你看，LOGO 也是我和广告公司一起研究后做出来的。橙黄色多好看！还有这些衣服，都是我亲自挑选的，婴儿装、公主裙、哈伦裤，多可爱！”多多边说边比划，既兴奋又紧张。

“真不错，你一向对美丽的事物很有感觉，这一点我从来没有怀疑过，只要衣服质量过硬，一定会热销。”

可两个姑娘伸长脖子，左等右等，就是不见一个客人上门。

小苏见多多一脸的失落模样，想尽法子逗她开心：“这个时候孩子都被家长赶回家关禁闭，你还记得吗？咱们小时候放暑假在奶奶家的大院子里采太阳花，把指甲染成各种颜色。结果，你妈翻了你的暑假作业，居然一个字都没写，气得把你揪回家。为了漂亮，你还真有办法！”

“呵呵，你还记得呀？我一向对自己的审美很有自信。难道我的店铺打造得不够好看？还是衣服挑得不对呢？”多多很忐忑，毕竟是初当老板，大姑娘上轿头一回。没有客人，就等于否定了她的价值。

“我看挺好的，门面不大，但色彩搭配很吸引人。你的小马哥肯定告诫过你现在是淡季吧。就当先攒一攒人气，趁着有空闲，先把经营技能学会，赚钱是必然的。你看看我，除了周末能喘口气，哪里有时间休息。上班的心情就像上坟一样沉重。呵呵，我多羡慕你！”小苏很乐观。

哎，不听老人言吃亏在眼前，不能让小马哥知道，他一定会笑话多多外行。小苏乐观积极的心态倒是打消了多多的顾虑，既然已经选错了时机，不妨就先把时间好好利用起来，现成的老师在此，时机不容错过呀！

“以前咱俩一块儿逛街买衣服的时候，总会看到有些价廉物美的专柜人满为患，连只苍蝇都挤不进去，仿佛衣服都不要钱，这叫真正的抢购。而有些专柜呢，做的是品牌，衣服漂亮，价格也漂亮。妆容精致的女营业员世故得要命，瞄一眼就知道你是来看衣服还是买衣服的。但是，到了换季的时候，这些女人们不得不放下高姿态，按照老板的意思在每件高贵的衣服上贴‘3折’的标签，蠢蠢欲动的人群才从隔壁流动到这里。”

“姐是在暗示我开业酬宾吗？”多多问，“我可不希望服装店刚开业就惨遭滑铁卢，怎么样可以提高每月的业绩？”

“必要时搞搞促销活动，还要利用你的伶牙俐齿，在‘说’上下功夫，要懂消费者心理，引起对方的购买欲望，这就是销售能力，需要不断锻炼和积累才行。营销方面我不太懂，你可以问问小马哥。有现成的军师在，不用担心！”

“你说的没错，打折促销是对女人最致命的吸引，哪怕这衣服在衣柜里摆上十年，只要便宜，她们都会心动。你还记得隔壁王阿姨家的胖妞吗？几年前，我们一起去买衣服，你挑了一件粉红色 T 恤，我买了一条白色裙子，她挑来挑去也没选到一件合适的。最后，她索性买了一条无袖连衣裙，并不是她的尺寸，也不是她喜欢的款式。更要命的是，这丫头一直就没瘦下来，去年我去她家玩，她还把当年买的那条压箱底的裙子拿出来给我瞧，我们都笑得花枝乱颤。女人就是这样，哪怕衣服不适合自己，却自欺欺人地坚信总有一天会穿上它。小孩子的衣服更不用说，只要你挂上折扣标签，一定会有人进店。”小苏给多多支招。

“对呀，我怎么没想到，一直对自己的审美眼光自信满满，价格也定的不高。看来得对症下药才行。”

“我这个局外人不懂做生意，但每次我带悠悠逛街买衣服，看到折扣店还是会怦然心动的，原本只想买两件，谁知道现在小孩子的衣服做得太好看了，小风衣帅气，公主裙漂亮，卫衣可爱，简直就是成人服装的迷你版。结果买了几大包回去，这就是折扣效应。就好像小区门口的超市，每到下午 5 点，冷鲜柜就会传来吆喝声，牛肉片、鱼片、鸡丁一律七折。因为根据超市的规定，这些食材过夜就不新鲜了。衣服也是这个道理，既然是淡季，你挑回来的必定是当季流行。最坏的结果是压了很多货，多数没卖出去，等到来年，肯定就不那么好卖了，不如趁此机会用开业酬宾积累客户群，也可预防存货过多。”

“确实如你所说，我没法学那些超市员工另贴个生产标签蒙混过关，第二天继续当做新鲜食材贩卖。一来不厚道，二来衣服过季压根逃不过客人的法眼。”

“对，要想做得长久，口碑很重要。口碑好，业绩升了，你的理想也就会慢慢实现!”

“我没啥远大理想。姐，你信吗？我只想做一件自己想了很久的事情而已，赚不赚钱其实不那么重要。但老妈给我资金，并且毫无怨言地放任我追逐自由和理想，任劳任怨，这倒是给了我很大压力。她们那辈人忙忙碌碌，柴米油盐酱醋茶，整天围着丈夫和孩子转，半生就过去了。我没有雄心大志，没想过做个野心勃勃的企业家。我只想让我妈放心，让她知道她的女儿有能力独立，不会让周围邻居、朋友看笑话。”

“呵呵，妹妹，头一次听你说这些。一直以为你大大咧咧，啥都不在乎。好好干，我对你的发展很有信心，有什么不明白的尽管问我就是了，我不收你咨询费。”

“当局者迷，这就行动。等等，我该打几折呢?”

“这个你自己决定，一般来说不要低于成本就好。”

“成本？不就是进价 + 运费吗?”

“呵呵，咱们先了解一下主要商品的成本构成。”小苏浏览了一下进货单，环顾四周，问道，“目前店里主打商品是不是只有童装、童鞋?”

“嗯，差不多。小马哥劝我先不要进亲子装，以免压货。现在主要商品有三类：第一类是童装，第二类是童鞋，第三类是童帽、袜子等零碎商品。一般家长喜欢把孩子打扮成小公主、小王子，所以我也进了一些搭配的小物件。”

（注：现实的服装店里当然不可能只有这几种少得可怜的商品，童装类还包括每个年龄段的上衣、下装，还分季节性，好在每种款式的价格都是一致的，所以这里为了说明成本核算的道理，对服装店的商品种类做了一些简化和整理。）

“服装店的成本比起工业制造类企业的成本，简单极了。

采购成本，其实就是入账价格，即发票上的价格。增值税专用发票上价款分离，入账时只需要记货物金额即可。”

（前面提到增值税是价外税，除了进项税可以抵扣，取得的货运发票也可以抵扣 7 个点，由于本文提及的服装店只能算是个体经营，连小规模纳税人和一般纳税人都谈不上，但为了说明理清账理，所以这里是在假设采购服装获取增值税发票的前提进行的成本核算。现实中的服装店通常是按照购买定值发票的总金额纳税的，希望想开服装店的姑娘小伙儿们可不要偷税漏税哟，该交的还得交。）

“我的这些衣服都是从批发市场采购来的，就是按照实际的买价入账就行了吧？运费怎么办？”

“外购商品一般都是按照实际成本入账的，你说的没错，就是买回来的价格。而运杂费、途中的合理损耗、入库前的整理费用可以统统计入营业费用。新准则下的存货核算方法不分商业、工业，异曲同工。至于商品买价之外的那些杂费如果金额较大可以分摊到成本里，金额小的直接计入期间费用。我看过你存在抽屉里乱成一团的发票，帮你理了理，虽然不少，但金额加起来不算太大，可以记作‘销售费用’。应该没有什么进口品牌服装吧？如果有，入账价格就比较特殊：按照到岸价算，要加上关税等；离岸价则需要加上到岸前的运费和保险费。”

“我现在还不舍得海淘，运费太贵，成本高，还不一定卖得出去。小马哥有个女性朋友就是专做服装代购的‘跑单帮’，听说经常带团出国采购、授课。我是学设计的，多么希望也能趁着进货的机会出去看一看。希望有一天，我也能卖自己设计的衣服。”

有理想真美好！

年轻就是资本，输了又如何。年轻的时候，时间就是用来犯错误的。不多摔几个跟头，怎么知道人间苦。

“呵呵，那就提前给我们未来的设计新秀讲讲委托加工的商品价格是怎么算的。按照加工过程中的实际成本，也就是原材料、加工费和加工税金的总和，构成入账价格。”

“有个疑问，衣服都是几天前采购回来的，还有一些已经付好定金的衣服还在调货，暂时还不能一起带回来，应该全部入账吗？”

小苏看了看表，快十点了。虽然是周末，还是没有客人上门。

“时间还来得及。我一个小时后要去少年宫接悠悠下课，她在学画画。我先给你系统地讲一讲会计记账的一些基础知识。作为一个服装店的老板，暂时不要谈理想，开店就是为了赚钱。你得知道自己手里有多少可支配的资金，本月赚了多少钱，赔了多少钱。如果这些基础的信息都掌握不了，一笔糊涂账，别怪我乌鸦嘴，不超过半年，你这店就要变成折翼天使啦。

多多一语不发，递过去一杯冰柠檬茶。

“一般来说，企业有两种会计记账方法。一个叫权责发生制，另一个叫收付实现制。权责发生制原则亦称应计基础、应计制原则，是指以实质取得收到现金的权利或支付现金的责任权责的发生为标志来确认本期收入和费用及债权和债务。即收入按现金收入及未来现金收入——债权的发生来确认；费用按现金支出及未来现金支出——债务的发生进行确认。而不是以现金的收入与支付来确认收入费用。而收付实现制又称现金制或实收实付制，是以现金收到或付出为标准，来记录收入的实现和费用的发生。按照收付实现制，收入和费用的归属期间将与现金收支行为的发生与否，紧密地联系在一起。换言之，现金收支行为在其发生的期间全部记作收入和费用，而不考虑与现金收支行为相连的经济业务实质上是否发生。”

“晕了晕了，说简单点。”

“我给你举个例子，你消化消化，就能区别开这两种方法了。你可以这么理解：买进来一件衣服记一笔账，卖出去一件衣服再记一笔账，这种像写流水账式的记账方法就叫做收付实现制。对于你这样从来没有学过会计的人来说，是非常容易操作的。

收付实现制与权责发生制的区别：

权责发生制和收付实现制在处理收入和费用时的原则是不同的，所以同一会计事项按不同的会计处理基础进行处理，其结果可能是相同的，也可能是不同的。例如，本期销售一批服装价值 5000 元，货款已收存银行，这项经济业务不管采用应计基础或现金收付基础，5000 元货款均应作为本期收入，因为一方面它是本期获得的收入，应当作本期收入，另一方面现款也已收到，亦应当列作本期收入，这时就表现为两者的一致性。但在另外的情况下两者则是不一致的，例如，本期收到上月销售产品的货款存入银行，在这种情况下，如果采用现金收付基础，这笔货款应当作为本期的收入，因为现款是本期收到的。如果采用应计基础，则此项收入不能作为本期收入，因为它不是本期获得的。

不过一般来说,你付钱给服装批发商的那一天就应该算是商品入账日。这时候如果不是一次性把衣服全部带回来，就不能用收付实现制。"

"对。再来说说服装进货核算。方法依旧有两种：一是进价，二是售价。批发商一般用前者。

服装验收入库后：

借：库存商品（发票上的货物价格，总金额扣除税金）

应交税费——应交增值税（进项税额）（发票上单独列出的税价）

销售费用——运费（如有其他杂费，可继续计入销售费用当中）

贷：应付账款（如果货款已经支付，则计入银行存款，记在贷方，表示银行资金减少。）

你的店可以减少工作量，用售价核算。

服装入库后：

借：库存商品（就是标签上的价格，一般来说是含税价）

应交税费——应交增值税（进项税额）

贷：应付账款（如果货款已经支付，则计入银行存款，记在贷方，表示银行资金减少。）

商品进销差价

商品入账时间应采用权责发生制，小店不可不做应交税金的分录，到了次月可一次性向地税局交定额税。”

“商品进销差价是什么？”

“其实就是进价和售价的差额，虽然在贷方，但它属于资产类科目。服装购进时记在贷方，月末结转时记借方，分摊的进销差价计入‘主营业务成本’的贷方。如果余额在贷方，就表示还没有分摊完。”

“哎呀，还没完没了了，什么时候能清零！”

“哈哈，只要有库存商品，就一定会存在进销差价。你能想象这间店一件不留？”

“嗯，此刻我就想让这些衣服立刻消失。”

小苏哈哈大笑，她十分佩服这个小妮子，开业第一天受到挫折还能自娱自乐。

“为什么记在贷方，不能记在借方？”

“如果记在借方就说明进价大于售价，岂不亏本？”

“没明白。”多多心想，借贷关系不是一朝一夕能输入脑袋的。

为了打通多多的任督二脉，小苏又继续说道：“你可以这么理解，‘库存商品’余额 - ‘商品进销差价’余额 = 库存商品的进价金额，也就是商品成本。”

“已经卖出去的怎么办？”

“已售出的服装应该分摊进销差价。”

差价 = 本月主营业务收入贷方发生额 × 差价率

= 本月主营业务收入贷方发生额 × ［月末分摊前商品进销差价余额 ÷ （月末库存商品余额 + 本月主营业务收入贷方发生额） × 100%］

假如，我们的主营业务收入是 50000 元，上月服装进销差价余额是贷方 20000 元，库存商品余额是 40000 元。

套用上面的公式

差价 =20000 ÷ （40000+50000） × 100%=22%（约等于 22.22%，此处省略小数点后面的数字）

那么，差价就很容易算了：

差价 =50000 × 22%=11111 元

借：主营业务成本　　50000

　贷：库存商品　　50000

借：商品进销差价　　11111

　贷：主营业务成本　　11111

“如果你的主营业务成本借方余额为 45000 元，通过差价的调整，真正的成本就能体现出来了。这个科目一般只有在职称考试时用得到，会计实际业务中很少涉及。”

“为什么？”

“因为市场难以预测，服装价格总是不断变动的，去年一件羽绒服只要 600 元，今年可能就要 1000 元。近几年物价飞涨，工资上涨的幅度比不过物价的上涨幅度。进价、售价不稳定，通过差价调整才能体现成本。不过价格每变动一次，就需要调整一次，十分麻烦，一旦处理错了还会影响利润。”

服装店算零售，应该用售价核算法比较合适。

以这张进货单为例：

天使爱美丽服装店

进　货　单

X年X月X日

第一联：公司存查

编号　001

批发商名称：　皇后街服饰有限公司　　电话：123456789

联络人：　张扬

地址：　天桥路888号

品名	规格	数量	单价	合计金额
小纱裙		5	￥ 50.00	￥ 250.00
哈伦裤		10	￥ 60.00	￥ 600.00
牛仔帽		3	￥ 10.00	￥ 30.00
娃娃袜		10	￥ 2.00	￥ 20.00
总价金额：	人民币 玖佰 元整		合计：	￥ 900.00
备注				
预定交货日期	X年X月X日		订金	￥ -
付款方式	现金		余款	￥ 900.00

主管：　经办：　填表：　客户签收：

当你汗流浃背把这些衣服从大老远的批发市场背回来验收入库后，九张毛爷爷就已经在别人的兜里了。有借必有贷，借贷必相等，出去了什么，进来了什么，这在会计分录里体现得非常形象：

借：库存商品——明细（如果想记录得清楚一些，可按照上表列出的商品种类一一记录在案，方便查询） 900

贷：库存现金 900

等你的服装店开大了，或者业务量大的时候就可以刷卡采购，按照每一家的进货总价分别计入银行存款，次月初方便和银行账单一一核对。

借：库存商品——明细 10000

贷：银行存款 5000

银行存款 2000

银行存款 3000

在途物资是核算企业采用实际成本（进价）进行材料、商品等物资的日常核算、货款已付尚未验收入库的各种物资（即在途物资）的采购成本，本科目应按供应单位和物资品种进行明细核算。

买进服装，按采购成本的金额，借记“在途物资”科目，按可抵扣的增值税额，借记“应交税费——应交增值税（进项税额）”科目，按实际支付或应付的款项，贷记“银行存款”、“应付票据”等科目。

倘若和批发商比较熟，可采用赊销的结算方式时，购入材料超过正常信用条件延期支付（如分期付款购买材料），实质上是具有融资性质的。应按购买价款的现值金额，借记“在途物资”科目，按可抵扣的增值税额，借记“应交税费——应交增值税（进项税额）”科目，按应付金额，贷记“长期应付款”科目，按其差额，借记“未确认融资费用”科目。

等到所有商品验收入库，借记“原材料”、“库存商品——进价”等科目，贷记“在途物资”科目。

库存商品采用售价核算的，按售价借记“库存商品”科目，按进价贷记

“在途物资”科目，进价与售价之间的差额，借记或贷记“商品进销差价”科目。

本科目期末借方余额，反映企业已付款或已开出承兑商业汇票，但尚未到达或尚未验收入库的在途材料、商品的采购成本。

淡季，学学会计，时间也没浪费。真后悔没听小马哥的话。服装的旺季在夏季和冬季，但生产、批发和零售的旺季各不相同，依次延后。夏装的零售旺季在 5 月、6 月。现在都快 9 月了，怎么办呢？

开服装店真是众口难调，看的人多，买的人少。9 月份一眨眼就过去了，平均下来，每天只卖出去一件衣服。

成本、成本、成本，真叫人心碎呐！

这段艰难的岁月，小苏一下班就先去接悠悠放学，然后直奔多多的服装店。关键时刻不离不弃，可见姐妹情深。

“压了这么多货，都没法开口和批发商换货。”多多提起生意人那张扑克脸就生气。

“小马哥怎么说？他不是一向有的是主意嘛。”

多多摇摇头，神仙也帮不了她，谁叫她是级别较低的零售商呢。在那些起批十几万的服装店老板面前，简直是小巫见大巫。

“哎，难道我这美好的愿望就要这样悲惨地被扼杀在摇篮里吗？不行，死也要死得轰轰烈烈！”

“好家伙，你以为自己是刘胡兰呢！”

“死并不可怕，可怕的是半死不活。”

“呵呵，行了，别装可怜了。我知道你这丫头肯定有其他法子的，说来听听。”

“还是姐了解我。每个人的审美不同，我在客人面前理直气壮地告诉他们，这是当季最流行的小纱裙，但许多女孩子的家长并不喜欢这种短到膝盖以上的蓬蓬裙，宁愿给孩子买过时的公主裙。你瞧瞧，满街千篇一律的芭比娃娃，一点个性都没有。可付钱的人就是上帝，得罪了上帝，就得挨饿。所以，我打算迎合市场需求。”

“再去进一批公主裙？我看过你的进货单，第一次采购并没有公主裙。”

“不，我可没那么傻。上网找了一些比较简单的公主裙做法，网购了一批外贸布料，让老妈替我做了几件样品挂出来看看效果。”

“那你的成本岂不是又增加了？我想知道你是怎么合算样品单位成本的？你这个月挣了多少钱，自己清楚吗？”

“问得好，额……不知道。呵呵，我用你上回告诉我的法子记账，但是感觉太麻烦，就用自己的方法核算成本咯。”

“哦？说来听听。”

“每进一块布料，我就记录在账本上，等妈妈把样品都做完，看看还剩下多少布料，然后用进货量扣除余量就是几件样品耗费的布料，最后用耗费的布料除以本月销售出去的样品数量，不就知道成本了吗？”

“商业领域的成本核算相对简单一些，假如你开的不是服装店，而是服装厂，那么涉及的成本就非常复杂了。如果按照你这种粗糙的方法核算，服装厂早晚都会倒闭。样品虽然不多，但已经比服装贸易多了制作环节，相当于微型加工厂。你的方法忘记了考虑布料的损耗、丢失等非正常因素。比方说，布料堆在仓库里，浅色的和深色的放一块，万一时间久了掉色，你的花布怎么处置？如果你妈想自己做一条围裙，用了你买的布料，难道你必须把布料锁在保险箱？另外，这个方法只适用于产品单一的制造业。假如，本期采购的布料与期末剩余的布料之差等于你妈本期实际耗用的布料，也就是说我们刚才猜测的可能性都不存在的话，你妈用你的布料只做公主裙，那么直接用本期耗费的布料除以公主裙的销售额，就可以得出单位产品的成本了。但是，我们刚才假设的这个情况显然和实际情况不符。以我对你妈的了解，她可能还会用边角料做点其他的小玩意儿，比如小孩的沙滩裤、短裙、护袖、口水布、围巾等。”

“哈哈，的确是我妈的风格，有意思！”

“试问在这样复杂的情况下，你怎么客观地分摊？粗糙分摊的结果就是，你压根不知道哪种产品是主打，最能替你赚钱。”

“嗯，姐说得忒有道理了。这不是没办法的办法嘛，摸着石头过河。你说的这些我压根没考虑到，学院派的科班出身就是不一样，呵呵。”

“没事，有姐在，我帮你把成本核算的构架搭一搭，就像你妈替你做收纳构架一个意思，之后你就能独立了。”

“嗯，独立精神万岁！成本里除了原料，还有其他项目吗？”

“当然有，房租和电费得算上，缝纫机是你妈的陪嫁，可以忽略不计。等你发了财，你妈这个无薪裁缝也得领工资呀！”

小苏的话立刻把多多逗乐了。

“面包会有的。不过，房租和电费分摊到每件衣服上去，这和布料的成本看起来毫无联系啊？”

“小妞，你在挑战权威吗？”

“不敢不敢，且听下文。”

“嗯，算你识时务，否则我劝你妈一起罢工。”

“别别别……哎哟，我的好姐姐。我这都水深火热了，你快教教我吧。”

“好。首先呢，成本应该分为两大类：固定成本和变动成本。”

“啊？成本还能变？忽大忽小吗？又不是变魔术！”

“咳咳……咳咳咳咳……”小苏瞪了她一眼。

调皮的多多立刻端上一杯刚泡好的玫瑰花茶，不说话了。

“就先给你这个鬼灵精讲讲你最好奇的变动成本吧。变动成本可不是孙悟空的金箍棒可变长变短变粗变细，也不是仙女棒，想要啥就变出个啥。它是指可以随着产量变动的成本，而且产量越大，变动成本就会越高。比如布料买得多，自然做出来的样品也越多。样品产量大了，那么耗电量必定也越大。即使不算你妈的工资，那台古董缝纫机在你的仓库吱吱嘎嘎地工作，电费你总逃不掉的。”

两人正说着话，多多妈从库房灰头土脸地钻出来。

“哼，丫头，你简直太剥削你老妈了。不仅给你当田螺姑娘，还得做苦力，而且还是长工。”

“是呀，多多太不像话，小心农奴翻身做主人，你连口热菜热汤都吃不上。”小苏吓唬她。

“哈哈，老妈，您也太夸张了吧。以后，您做几件样品，我就付您加工费成不？”多多快招架不住了。

“嗯，如果那样的话，多多妈就当是在工厂里拿计件工资好了。产量越大，工资就越多。不过，这部分工资也应该计入变动成本当中去。”

“好，我一天给你做十件，快付我钱！”多多妈装出一副咬牙切齿的模样。

“妈，您还是杀了我吧。怎么这年头，老板比员工混得还惨呀！”

“姨妈，劳动法规定每天超过八小时的工作，你是有权向老板讨要加班工资的。”小苏提醒道。

“对对对，一日三餐加卫生清洁，还有缝纫工时，早就超过八小时了。哈，丫头，你逃不掉啦！”多多妈不饶她。

多多嘟起了嘴。

“哈哈，你们娘俩就别在这儿演舞台剧啦，笑得我眼泪都快流出来了。”小苏打圆场。

“妈，您出钱又出力，干活有怨气，女儿特能理解。和我一起创业过苦日子，我也于心不忍。女儿我现在还是个特困户。我想好了，等到年底赚了钱，我一定给您发奖金。咱们娘俩就别这么斤斤计较啦，好不好嘛？”多多抱着母亲撒娇道。

这招太灵了，哄得多多妈心花怒放，连工资都不要了，回家忙晚餐去了。

“好感人啊。不过，多多，你给自己开工资没？你妈有退休工资，在你这帮忙算是义务劳动，可以忽略志愿者的工资不计。但是你作为老板兼采购、销售、会计于一身，千万别把自己给忘了。创业的代价可不是让你成为真正的‘白领’啊！”

“白领?”多多一脸问号。

“就是白领工资的人啊！”

“我可以和老妈一样，等到年底结算时，用赚到的现金给自己也发一笔奖金不就行了吗?”

“哎，这个我该早些提醒你。这是很多个体小老板的通病，公私必须分明。如果不给自己发工资，你每天投入在店里的时间和劳动就白费了。当然，你的方法更简单，我是从会计角度考虑的。谁能保准，到了年底你是赚了钱还是亏了钱呢?你对多多妈和自己的承诺又如何实现?

一般来说，你的收入算员工薪酬，而你妈的那笔奖金算是年底分红。一个公司的管理目标就是实现股东利益最大化。但作为这家店的老板，你也必须保障自己的权益。开店是为了让自己更加独立，实现自我价值不是吗?”

“对呀！你说的这些我压根就没有想过。反正吃喝拉撒都由家里负担，我自己进服装也节省了为数不小的一笔置装费。”

“这更不对，你拿店里的营业款去采购自己的服装，而不是进童装，这怎么行！”

“反正赚到的和赔了的都算自己的，而且去服装批发市场拿衣服比在商场买要便宜 7 成。”

“这还算公私分明吗?别怪我没提醒你，长此以往，你根本不知道自己赚了还是赔了。而且资金也会出现断流，这个以后我再和你讲。总之，你先听我的。”

“好吧。”

“你打算每月给自己开多少工资?”

“店都是我的了，到了年底，盈余自然都进我的兜，就给自己开个营业员的工资 1000 块吧！”

“好，每月 1000 块划入自己的户头，并且记住以后不得擅自挪用‘公款’给自己买衣服或者用作其他经营以外的开销，除非是用自己的薪水。”

“哇呜，这么严格。”

“对，想要赚钱，就得计算到这么精准的地步。”

“懂了，我是有原则的人。”

“哈哈，少来了，你的原则就是三个字：看心情。我还不了解你呀，以后我会随时来抽查，要乖乖的哟！”

“……”

好个有原则的会计！

09　固定成本和变动成本

次日，小苏带着悠悠一块来店里。

“姐，给自己发工资的感觉太美好了，早就该听你的了。”

“其实给自己发多少薪水并不重要，关键我是想提醒你要把这笔人工工资计入成本当中去，你的劳动付出也是为了卖衣服。”

悠悠在一旁耍起了小脾气，原来是饿了。

不巧，多多妈今天不在家。

“我在家里烤了一点披萨，用店里的微波炉热一热就可以吃了。”多多见不得小朋友伤心，把自己的晚餐让给了悠悠。

叫了份外卖，还得等上半小时。

“悠悠吃得好香呀，多多的手艺不错！烤箱在哪里买的？”小苏赞叹道。

“不贵，网购的，300 块。”多多一直很有天分。

“呵呵，比微波炉还便宜。咱们干脆继续昨天的话题，围绕着固定成本和变动成本先画饼充饥。就拿烤箱来说，一台小小的烤箱只需要 300 块，但你后面肯定买了许多模具和原料吧？”

“是一个无底洞，光是各种模具就花了很多钱，做烘焙的原料有淡奶油、可可粉、低筋面粉等等，都不是很便宜。”

“我也猜到了，香气袭人的背后就是满口袋响当当的银子，不出血本怎么能做出这么美味的食物呢！其实这个例子就可以帮你理解固定成本和变动成本。烤箱就是固定成本，模具和原料就是为了做出美食而支出的变动成本。做出的美食越多，买的各种模具和原料就越多，变动成本就越大。而且，你做披萨和蛋糕只是自娱自乐，并不是为了贩卖，这种纯消费的生产模式并不能给你产生经济效益。”

“那倒是，不过美食能让人开心，尤其是甜食。反正我怎么吃都吃不胖，不怕不怕！”

两人看到悠悠狼吞虎咽的模样，想起了小时候抢奶油蛋糕的画面，相视而笑。

快餐还没到，小苏随手拿过纸笔，按照多多妈留下的设计图和物料用量，帮多多算样品的标准成本。

样品的成本计算表格出炉：

公主裙的单位成本

原料	耗费量	单价	成本
布料	1.5 尺	20 元 / 尺	30 元
蕾丝	0.5 米	10 元 / 米	5 元
拉链	1 根	5 元 / 根	5 元
草莓扣子	5 颗	1 元 / 颗	5 元
总成本			45 元

注：

1.我们忽略了多多妈做其他小物件的可能性。

2.在这个故事里，假设所有当月做出来的样品全部被卖完，月末一件不留，只剩多余的布料和其他原料。

“哦，原来成本可以算到这么细？一条公主裙的采购成本是 70 块，看来自己做比较划算。以后干脆不进货了，直接让老妈做得了。”

“你想累死你妈！还没完呢，如果你要卖样品，按照 70%的毛利率，多多妈做出来的每一条公主裙必须要卖到 150 元，而这 45 元就是底线，留给客户足够的砍价空间。否则，制作成本再便宜，收钱的速度也比不上赔本的速度快。”

“还记得上大学那会儿，咱们一起追过一部美剧叫《丑女贝蒂》?”

“记得，当然记得。美女如云的时尚杂志社，一只丑小鸭暗恋自己老板的故事呗!”

“嗯，那部片子很经典。不过，我提起这部美剧是为了让你想起一个场景：贝蒂的姐姐从小就很懒散，喜欢穿着暴露地工作，因为她没有任何才华，甚至连她妹妹也不相信她有什么生存能力。一次又一次的失业，让这个丰满的女人很沮丧。光靠卖弄姿色不行，得自己做一回主。有一天，她吃到爸爸做的蛋糕，觉得棒极了，萌生了自己卖蛋糕的想法。于是，她主动联系各家餐厅，并送去样品。餐厅老板很满意，但是要求姐姐每天提供两百个蛋糕。”

“哈哈，想起来了。可怜的爸爸一边打着瞌睡，一边打蛋黄、搅奶油。”

“你和那个胸大无脑的姐姐犯了同样的错误，首先是乐观估计了自己的产能，其次 45 元的制作成本里并不包含多多妈的薪酬，你怎么知道她能做出堆满服装店的衣服来？况且，做出来的衣服你能保证一定能卖完？‘奶奶牌’蛋糕供不应求时，贝蒂的姐姐还雇佣了另一个老太太，和自己的爸爸一起在家里做蛋糕。结果，累得老爹直求饶，蛋糕也没做完。老太太倒是淡定地做着，毕竟不管做了多少，她都能拿到工资。没有交出货，就是违约，而且还浪费了人工、水电。”

“我是资本家嘛，哈哈。”

“别打如意算盘了，我看了一下你的账本，每件公主裙你卖 100 元。”

“合适吗？我参考了其他店铺的售价，一般来说，公主裙的进价就要 70 元，定 100 元，赚 30 元。我的成本只要 45 元，所以一定赚得到！”

“嗯，看起来利润率不低，但现在还不好说。我只能告诉你，定价和估算成本的顺序被你黑白颠倒了。正确的程序应该是这样，先算出裙子的单位标准成本，然后再对其定价。而且，你有没有把房租、水电算进去？只有核算出全部成本，算出利润，你才能拍着胸脯保证能盈利。”

“这么复杂。”多多顿时像只泄了气的皮球。

好在对面快餐店的小妹送来了两盘盖浇饭。

要想马儿跑，就得把马儿先喂饱。

9月服装店的其他变动成本

日期	变动成本项目	金额
9月3日	电费	800
9月31日	妈妈的工资	1000
总计		**1800**

注：刚好到了月末，听小苏的话，把妈妈的工资也纳入了变动成本。

“暂且把我的工资也纳入变动成本，因为多多妈负责制作，我负责设计和打版，也相当于参与到了生产过程，这样对吗？”

“可以，因为上回我提过员工工资根据劳动法规定超出部分应该要算加班工资，你这个老板天天工作十个小时以上，也挺辛苦。生产制造业，工人的工资是按照变动成本核算的。做出来的衣服越多，你的加班费也会跟着增加。不过，实际情况并非如此，你和姨妈一样，相当于都是义工，没有加班费可以领。为了把复杂问题简单化，咱们干脆就把你的工资作为变动成本来看。”

翻出小马哥的赚钱锦囊，果然有几点是关于控制进货、预防压货的方法：

【天使爱学习】

防止压货的进货法则：

(1) 采取少量多次进货，旺季时刻保证货源充足，货架丰满。

(2) 款式与码数搭配采购。不同的款式上不同的码，好销的码多上些。码数一般中间多，两头少。

(3) 要跟供应商确认换码換色换版。

(4) 进货时考虑并控制好品种、风格，价位要相对集中，既不要太单一，也不要搞得太杂。

(5) 初期的版多一点，然后慢慢集中到好销的货品上来。旺季顶峰之后，放慢进货节奏，以少量、平价、新版等带动销量。

(6) 按季节规律和天气情况进货。天气转热的时间比较稳定，但天气转冷的时间则不稳定，而且冷的程度相差很大。

“怎么分摊呢？”

“把这1800分摊到每件样品上即可，因为店里还是有其他直接买来的衣服，所以按照销售比例摊销比较合理。”

“哦，就像小公寓的公摊面积虽然是公用的，但还是会算在每家的建筑面积里。”

“没错，一个子儿都跑不掉。”

9月服装店的销售明细

品种	单价	销量	收入	占总销售额的比例
公主裙	150	10	1 500	28.68%
小纱裙	170	12	2 040	39.01%
哈伦裤	200	8	1 600	30.59%
牛仔帽	30	2	60	1.15%
娃娃袜	6	5	30	0.57%
总计			**5 230**	**100%**

注：1.定价是按照70%的毛利率粗略估计的，并且留有给顾客讨价还价的余地。
2.假设妈妈做的10条公主裙销售一空。

下面的步骤就很简单了，按照销售收入的比例将 1800 元变动成本摊销如下：

摊销到每件衣服上的变动成本

公主裙	1800*28.68%/10	51.63
小纱裙	1800*39.01%/12	58.51
哈伦裤	1800*30.59%/8	68.83
牛仔帽	1800*1.15%/2	10.33
娃娃袜	1800*0.57%/5	2.07

注：在实际店铺管理中，这种方法比较书面化，不够灵活，因为除了公主裙之外，其他都不是“产品”，而是“商品”，为了统一核算，全部打包处理。

“哇呜，果然跟变魔术一样！”多多兴奋起来。

“嗯，别眨眼，咱们重新算一算每件衣服的总变动成本。”

(注：这里将帽子、袜子等也视作一件商品，归于服装类吧。)

总变动成本

品名	原料 / 采购成本	摊销到每件衣服上的变动成本	总变动成本
公主裙	45	51.63	96.63
小纱裙	50	58.51	108.51
哈伦裤	60	68.83	128.83
牛仔帽	10	10.33	20.33
娃娃袜	2	2.07	4.07

注：这里的采购成本，别忘了运费，因为第一次进货跟的是小马哥的车，所以相当于卖家承担运费，下次核算采购成本时，可没那么轻松了，必须要把运费摊销到每件采购来的衣服上。

一些嘴巴甜的客人，夸多多是个水灵灵的小美人，并且按照买地摊货的架势左一刀右一刀乱砍，并且允诺下回一定带上妈妈团一起来团购时，小美女立刻就被糖衣炮弹俘获了，差点按照进价就卖了。有了这张表，就等于帮助多多摸清了自己的底线。

“幸好，你按照70%的毛利率给衣服定价，目标还是比较高的，但不够准确。一些客人进店问了价格就出去了，肯定是嫌你的衣服定价太高。所以，这个月不知道给多少折扣不会亏本。这么算下来，你的利润还是可以的，下个月你倒是可以酌情考虑打折，挂出开业酬宾或者淡季清仓的招牌，看看效果。

“嘿嘿，精明如会计，这买卖赔不了！”

“打算打几折呀？好好想想吧。”

10　折扣怎么做最吸引顾客

打七折就能稳赚吗？

貌似没那么简单。

隔壁新开了一间五元店，连锁加盟的那种。一件小 T 恤只需要 5 元，睡裙也只要 5 元，袜子也卖 5 元，样样 5 元。这和专卖义乌小商品的 2 元店唱的是一出戏，但听戏的人就是络绎不绝。

好不容易积攒起来的客源几乎都被吸引过去了，即使每件衣服 7 折的优惠，也经不住五元一件的诱惑呀！

怎么办？怎么办？

多多急得如热锅上的蚂蚁。

凉拌！

今天，多多妈送来了凉拌面和酸梅汤。

小苏也在，因为七折清仓计划被这 5 元店搅黄了，军师必定赶赴沙场，察看军情。

“我看，这 7 折着实不够有吸引力。”

“那我豁出去了，直接打对折好了！3 折也行，只要把货都给卖出去，赚点流动资金进秋装。”

“别急，看看咱们最低卖到多少才能赚钱，千万别赔了夫人又折兵。上回算了变动成本，这次考虑一下固定成本。”

“什么？还有成本。我的妈呀！”

“姐知道你现在的心情，想想你的房租，你就舍不得 3 折就把衣服给卖出去了。”

“如果你开的是服装厂，还得算上机器折旧。”

“什么？”

“之前我没考虑缝纫机，是我的疏漏。毕竟公主裙的销量还是不错的，这台机器会经常使用，就当多多妈技术入股，这台缝纫机可视作你的固定资产。”

“哪些算固定资产？”

“购买货架、模特的支出不是每月都会发生的，”小苏提醒道，“这是一次性的费用，只需要在开业时一次性购买就行，所以算开办费。

但是缝纫机不是，这台老古董跟着多多妈最少有 30 年了吧。每使用一年，它的价值就会慢慢减少，这和我们女孩子的青春是一个道理，年纪越大越不值钱。按照会计学上的配比原则，假设这台机器还可以用 10 年，已经使用了 30 年，用一种最普遍的直线法来计算机器折旧，就是把它的价值按照使用寿命平均摊销，直到进垃圾箱的那一天。多多妈花了多少钱买的？”

“不知道耶。哪一年的老黄历了，这是我妈的陪嫁，估计这问题只有姥姥能回答！”

“哈哈，那咱们就不惊动她老人家了，暂时预估它的价值为 500 元吧。”

【天使爱学习】

除国务院财政、税务主管部门另有规定外，固定资产计算折旧的最低年限如下：

（一）房屋、建筑物，为 20 年；

（二）飞机、火车、轮船、机器、机械和其他生产设备，为 10 年；

（三）与生产经营活动有关的器具、工具、家具等，为 5 年：

（四）飞机、火车、轮船以外的运输工具，为 4 年；

（五）电子设备，为 3 年。

“虽然我们保守估计这台古董能用 40 年，但是根据国家相关部门规定的折旧年限，应该按照 10 年来计算。”

“这台机器我妈除了嫁给我爸后用过几次，几乎都没碰过。”

“好，咱们就假设它是刚从店里买回来的，只是样子旧了些。我们按照市值 1000 来算比较合理。在整个使用期内，必须将买来的价值平均摊销，那就意味着每年要摊销 1000 元，也就是 1000 除以 10。然后用年折旧费 100 元除以 12，你就可以得出每个月需要摊销的金额。”小苏的记忆力非凡，头也不抬地在纸上快速涂鸦。

缝纫机的折旧

	第一年	第二年	第三年	……	第九年	第十年
年折旧	100	100	100	……	100	100
累计折旧	100	200	300	……	900	1000
净值	900	800	700	……	100	0

多多手里有计算机，比小苏抢先了一步：“是个除不尽的无穷数，8.333333……”

“嗯，把后面的小数去掉，月折旧费就是 8 元。别小看这 8 块，够你吃一顿快餐了。如果是服装加工厂，机器设备的折旧核算就非常有必要。”

“等等！”多多一听到会计术语就像听天书，“这个数字的意义我明白，就是每个月需要承担的设备费用。但什么是月折旧费呢？”

“由于设备的使用寿命大于一年，是为做衣服而购买的，在会计学上称为‘固定资产’，而价值的摊销称为‘折旧费’。”小苏老师的解释堪称专业。

固定资产是指企业使用期限超过 1 年的房屋、建筑物、机器、机械、运输工具以及其他与生产、经营有关的设备、器具、工具等。不属于生产经营主要设备的物品，单位价值在 2000 元以上，并且使用年限超过 2 年的，也应当作为固定资产。固定资产是企业的劳动手段，也是企业赖以生产经营的主要资产。从会计的角度划分，固定资产一般被分为生产用固定资产、非生产用固定资产、租出固定资产、未使用固定资产、不需用固定资产、融资租赁固定资产、接受捐赠固定资产等。

【天使爱学习】

折旧费

固定资产在会计上的价值，通常会因为时间的流逝、使用后的磨损造成资产价值的下降，这就是折旧(depreciation)。期间所消耗掉的价值用同一的货币进行估算，并且定期当做费用扣除，留下的净值就是当前固定资产的价值体现。而折旧费就是定期计入到成本费用中的固定资产的转移价值。从会计角度看，固定资产经过使用后，其价值会因为固定资产磨损而逐步以生产费用形式进入产品成本和费用，构成产品成本和期间费用的一部分，并从实现的收益中得到补偿。

年折旧额 = 固定资产原值 ×（1- 残值率）/ 折旧年限

月折旧额 = 年折旧额 /12 个月

除了直线法之外还有加速折旧法：

(1)使用年限数字总和法：亦称年限总数法或年数比例法，是指将应计折旧总额乘以剩余可用年数(包括计算当年)与可使用年数所有数字总和之比，作为某年的折旧费用额。

(2)双倍余额递减法：是指根据各年年初固定资产折余价值和双倍的不考虑残值的直线法折旧率计提各年折旧额。

“所谓固定，就是指固定不变，雷也打不动的成本，不管你一天、一个月、一年卖出去多少件衣服，这些费用永远存在。即使你卖出了500件，还是1000件，或者一件都没有卖出去，你同样要付这笔不变的账单。”

9月服装店固定成本明细

房租	2000
机器折旧	8
总计	**2008**

“好有意义的数字呀！2008，奥运会的好意头，咱们接着算！嘿嘿！”多多欢呼道，似乎忘了之前在愁些什么。

小苏又像之前摊销变动成本一样，把2008元固定成本摊销到每件衣服上。

依葫芦画瓢，得出下表：

摊销到每件衣服上的单位固定成本

公主裙	57.59082218	57.59
小纱裙	65.26959847	65.27
哈伦裤	76.78776291	76.79
牛仔帽	11.51816444	11.52
娃娃袜	2.303632887	2.30

由此，可得出每件衣服的总成本：

公主裙	109.22
小纱裙	123.78
哈伦裤	145.62
牛仔帽	21.84
娃娃袜	4.37

单位毛利润 = 单价 − 单位总成本

品种	单价	单位总成本	单位毛利润
公主裙	150	109.22	40.78
小纱裙	170	123.78	46.22
哈伦裤	200	145.62	54.38
牛仔帽	30	21.84	8.16
娃娃袜	6	4.37	1.63
总计			151.172467

嗯，看起来还不错，每样都能赚钱！

9 月服装店的毛利润

品种	销量	单位毛利润	毛利润
公主裙	10	40.78	407.84
小纱裙	12	46.22	554.66
哈伦裤	8	54.38	435.03
牛仔帽	2	8.16	16.31
娃娃袜	5	1.63	8.16

啪嗒啪嗒，计算机报告了汇总数：1422 元。

整理一下计算利润的公式：利润 =（单价 − 单位变动成本）× 销售数量 − 固定成本。

第一个月居然没有亏本，除去房租、折旧费、水电费、自己的工资，还有 1000 多块的盈余，都是经营方针的功劳，不，是多多妈的无私奉献啊！

忙忙碌碌的生活，加上三个人的努力付出，虽然只赚到买一件羊毛大衣的钱，但是未来还是充满了希望。

为了把货尽快卖出去，小苏斩钉截铁地替多多做了主：打折！

11 利润从哪儿来

多多咬咬牙，打出对折的牌子。

能赚钱吗？会不会到了第二个月就亏本了呢？

左边开了一家五元店，右边开了一家维尼小熊专卖店。隔壁那条街的大卖场一直以 3 折的低价垄断师奶市场，上了岁数的老太太领着小孙子都往那儿钻，真是腹背受敌。

在这种十面埋伏的情况下，军师小苏继续淡定授课：

“先别忙着挂牌子，先把自己的底牌都摸清再出牌。

利润 = 销售收入－成本

这是企业经营的基础之一，三个要素互相影响。如果想利润增大，销售收入自然要提高，与此同时，成本要不断降低。所以，上面这个公式可以扩展为：利润 = （单价 × 销售数量） － （变动成本 + 固定成本）

之前已经算出了 9 月毛利润，若想让利润增大，在成本不变的前提下，销售收入要提高。按照最近的经营状况，不太乐观。如果销售收入的总额保持不变的前提下，想让利润增大，则需要降低成本。咱们刚聊完成本，它分为变动成本和固定成本两部分。变动成本是和销售数量有关系的，卖得越多，变动成本就越高。而固定成本和销售数量没什么关系，是相对固定的。”

“嗯，说重点！”多多迫不及待地想知道怎么才能盈利。

“其实打出对折的招牌不一定就赚不了钱，你一定得知道保本点。因为客人总有贪小心理，他们依旧会希望在这么有诱惑力的折扣基础上再给些优惠。

保本点，顾名思义，就是使利润为零的销售量。咱们要研究的就是这个让利润为零的销售数量到底是多少。

利润 = （单价 － 单位变动成本） × 销售数量 － 固定成本 = 0

销售数量 = 固定成本 /（单价 - 单位变动成本）

这就是咱们计算保本销售量的公式。现在公式有了，你自己算算，看看就目前的状况，咱们要卖多少件才能保本吧。”小苏在计算机上按了几个键，很快得出了结果。

“我的好姐姐，你先让我心乱如麻，接着又让我哭笑不得。呵呵，我发现会计入门容易，真正操作起来一点也不简单。光是核算成本，就费了好大的劲。姐，今天你随便挑一件衣服，送给悠悠，不收你钱，就当我的学费了！”多多自知没有学会计的天分，但她非常虚心地把小苏讲的每一个重点都记录在笔记本上。做一件事不轻松，那一定是技能没学通。

计算保本点，也就是盈亏平衡点，作为今日总结：

一般来说平衡点算法有两种：

1.以不含税价格算

设进货不含税价格为 X，不含税销售价格为 Y，则 Y × 17%−X × 17% =y × 3%,由此得出 X/Y=82.4%。

2.以含税价格计算

设进货价格为 P，销售价格为 S，则 [(S−P) / (1+17%)] × 17% = [S/(1+3%)] × 3%,由此得出 P/S=80%。

【天使爱学习】

盈亏平衡点(Break Even Point,简称 BEP)

它又称零利润点、保本点、盈亏临界点、损益分歧点、收益转折点。通常是指全部销售收入等于全部成本时(销售收入线与总成本线的交点)的产量。以盈亏平衡点的界限,当销售收入高于盈亏平衡点时企业盈利,反之,企业就亏损。盈亏平衡点可以用销售量来表示,即盈亏平衡点的销售量;也可以用销售额来表示,即盈亏平衡点的销售额。

按实物单位计算：盈亏平衡点 = 固定成本 /（单位产品销售收入 - 单位产品变动成本）

利润构成图解

边际利润合计	利润表情
(单位收入–单位变动成本)* 销量 >固定成本	
(单位收入–单位变动成本)* 销量=固定成本	
(单位收入–单位变动成本)* 销量<固定成本	

因为天使爱美丽服装店的成本有些复杂，且每件单品的价格也不一样，所以并不能用常规方法几秒钟内就算出卖出几件衣服就能保本。不妨先算算折扣的底线吧：

销量 = 固定成本 ÷（单位收入 – 单位变动成本）

假如打五折：

单位毛利润

品种	折后价	单位变动成本	单位毛利润
公主裙	75	96.63	–21.63
小纱裙	85	108.51	–23.51
哈伦裤	100	128.83	–28.83
牛仔帽	15	20.33	–5.33
娃娃袜	3	4.07	–1.07
总计			–80.36

哎，数字不太吉利呀！

幸好没直接把 5 折的牌子挂出去，要不准得血本无归。

假设打六折：

单位毛利润

品种	折后价	单位变动成本	单位毛利润
公主裙	90	96.63	–6.63
小纱裙	102	108.51	–6.51
哈伦裤	120	128.83	–8.83
牛仔帽	18	20.33	–2.33
娃娃袜	3.6	4.07	–0.47
总计			–24.76

还是不行，试试 7 折：

单位毛利润

品种	折后价	单位变动成本	单位毛利润
公主裙	105	96.63	8.37
小纱裙	119	108.51	10.49
哈伦裤	140	128.83	11.17
牛仔帽	21	20.33	0.67
娃娃袜	4.2	4.07	0.13
总计			30.84

粗略推算一下：保本点的销售量 =2008 ÷ 30.84=65.11 元

无论小数点后面是几位，衣服不能算 0.1 件，所以每月必须得卖到 66 件，每天得实打实地卖出去 3 件衣服！就算卖得好，最低打七折才能保本！这就是打折的代价，多多不喜欢学大商场的揽客伎俩，故意提高售价，打出 1~3 折的牌子吸引人。咱们开店要开得长久就必须一点一滴建立起好口碑！

“以前去逛大商场，有个姐妹指着一件品牌运动衫大叫‘3 折’。我一瞧，‘30%off’，哈哈，其实是 7 折！我先用这个法子把人吸引过来。我相信他们一摸面料，就会明白 7 折已经物超所值！”

“‘精豆子’（生活俗语，意为：聪明机灵），一点就通！”

“嗯，我知道自己的底线就是这个，我可不会真的赔本赚吆喝！等有了客源，价格再神不知鬼不觉地变回去呗！”

小苏很喜欢多多的这股努力钻研的劲头和与生俱来的小聪明。不管这项事业做到什么地步，她相信这个女子是可以创造奇迹的。临走，她挑了一条悠悠喜欢的绿色连衣裙，趁多多不注意，把钱偷偷塞进抽屉便离开了。

【天使爱学习】

假设天使童装店本月销售服装，单价 240 元，单位变动成本 180 元，固定成本 120000 元。求：①计算该店保本点。②若企业为了促进销售力度，将单价下调 15%，则需要销售多少件服装才能保本？

1. 2000 件

设保本点为 X，则有

240X=180X+120000

X=2000

2. 5000 件

240×（100%-15%）×X=180X+120000

X=5000

【财女宣言二】

到底赚多少钱才算幸福

随着生活的日益富足，女人对于幸福的定义，除了婚姻状态的满足之外，物质生活的富裕、健康的体魄和美丽的容貌是最能体现出幸福感的。当你开始懂得爱惜自己、努力工作、正确理财之后，才能成为真正拥有美丽人生的幸福财女。

你创业路上受挫了吗？别担心，立刻爬起来，拍一拍身上的灰尘，克服眼前的困难，我们继续一起往前行。人生中不是一趟顺风车，很多女性因为害怕改变，而永远让自己活在负能量的抱怨中。不要因为害怕孤独而不愿意独立自主，如果改变能为你带来更好的未来，你就应该努力地勇于去尝试。永远不要忘记背上的隐形翅膀，学会主宰自己的人生。千万不要小看你自己，因为你将无法衡量自己的潜能究竟有多大。

不要犹豫，现在就为你最想做的几件事，拟个草稿吧。因为有些事，现在不做，以后再也没机会去做了。

（1）希望能够和我爱的也爱我的人结婚。

（2）希望能够把我的孩子培养成积极乐观并懂得感恩的人。

（3）希望能够让我的父母安度晚年。

（4）希望有时间能和好久没联系的朋友写一封信。

（5）希望能够在自己的行业做出成就。

（6）希望能够拥有健康的身体。

（7）希望能够过上衣食无忧的生活。

（8）希望能够给身边的人带来快乐的正能量。

（9）希望能够走出去看看外面的世界。

（10）希望能够用自己的方式让世界变得可爱一些。

现代女人要过得美满幸福，其实都少不了金钱、家庭、友情及健康作为后盾，同时内心还必须保持在一种均衡的状态。如果你足够富有却缺乏朋友的关怀与健康的身体，你的人生就未必圆满。但如果你一辈子都在为钱发愁，也没有幸福可言。

你知道为什么女人会没有钱？答案很简单，因为女人把全部心思和时间花在男人与孩子身上！

谁规定你每天只能围着老公和孩子转而无权享受海边的阳光？谁规定你必须任劳任怨地工作，每月薪水用来付房贷和孩子的奶粉钱？你有权利拥有美丽、金钱与快乐。但是当你把大部分的时间都给了你的男人和孩子，天天过着柴米油盐酱醋茶样样都要计较的日子，梦想不知何时才能实现？你需要多少金钱来帮助你实现？

当你面对一件百分百优质品和十件瑕疵特价品时，请毫不犹豫地选择前者，那反而会替你省下更多的开支；当孩子需要教育费用的时候，不妨在怀孕初期就开始做教育年金投资计划，多年后你会发现这是一笔聪明的投资；当你不幸生病的时候，你发现每月交给保险公司的钱没有白花，你所购买的医疗保单比你的丈夫更值得依赖。

相信每个人对于“你幸福吗”的答案见仁见智，没有标准答案。如果你回答的数字够清楚，就表示你可以清楚地了解自己的价值在哪里，这样也更能帮助自己不再天马行空地胡思乱想，而是大胆笃定地朝着自己的梦想快速前进。

大名鼎鼎的作家兼编剧刘震云曾在微博上调侃：有一天去菜市场买菜，打算回家做打卤面吃，但是在菜市场里，他的内心十分纠结：是买西红柿回去吃西红柿打卤面呢，还是买茄子回去吃茄子打卤面？思来想去，他最终决定吃茄子打卤面，因为西红柿一斤两块五，茄子一斤两块三。

这个小故事更像是略带讽刺意味的娱乐。财富榜上有名的大作家不至于为茄子和西红柿绞尽脑汁，却也反映了当下很多中国人内心的纠结：相比前些年，工资似乎越来越多，口袋里的钱也算不得少了，却总觉得钱越来越不够花，有时候想吃个冰激凌解解馋都要思量半天。

赚钱不容易，而又总觉得钱不够花，这似乎成了时下中国人普遍的感慨，这种想法令很多人怀念起那些物质匮乏的旧时光来，这种怀念折射出来的是眼下人们生活在一个物质高度发达的社会，内心的幸福感却降低了。

想想那些整日为如何吃饱肚子发愁的人吧，你就不会觉得自己多么不幸了。当你在抱怨的时候想不起或者不愿意想起那些能吃饱肚子就很幸福的农民，也忽略了那些能穿上一件没有补丁的衣裳就很满足的山里孩子。想想那些人，也许如今总觉得不幸福的人都会觉得自己生活在天堂，就会不再过多纠结收入的多少，而是去思考如何用现有的收入经营一份幸福的日子。

Part 3
给你一家服装店，怎样赚钱

12　盘点的门道

看到小苏塞在抽屉里崭新的钞票，一张红色的，一张绿色的，这150元收入让多多百感交集。无论现实有多残酷，她俩的姐妹情永远不会打折，朋友的情谊在艰辛创业路上就是一团温暖人心的炭火。

九月末的天气很奇怪，街上来来往往的人群表情怪异，着装也奇异得可笑。有的汗衫加大裤衩，简单到会被人以“不雅着装”从商场里赶出去；有的裹得严严实实，恨不得能穿毛衣上街。同样是人类，怎么差别就这么大呢？

恍惚中，有个年轻时尚的女人领着一个约莫4岁的小男孩进了店。

多多开店时，有个小细节，这是大商场儿童服装专柜的营业员小妞们学不来的。她在墙角设立了一个儿童安置区，一张可爱的小方桌，配了三把矮矮的木头椅子，一点也不占空间，反倒显得很讨喜呢。桌子上有孩子们爱喝的碳酸饮料和果汁，还有小玩具。没有放薯片、水果糖和奥利奥饼干的原因很简单，那些孩子会在妈妈挑选衣服时把脏兮兮的小手伸过来。

女人打扮得很得体，简单干练，妆容精致，一看就是公司白领或者老师之类。多多为她推荐了几款童装，她并不作声，只是默默地自己挑着。很多服装店的营业员最擅长吹嘘拍马，盯着客人没完没了地夸。要知道女人最爱听别人的赞赏，不过也不是每个女人都喜欢。这个客人绝对够自信，还没等多多开口夸，人家已经用沉默表示婉拒。善于察言观色的多多完全尊重客人的喜好，给她们空间挑选满意的衣服，自己也落得清静。

那个孩子刚开始还能安静地待着。十分钟后，一杯果汁下肚，孩子就开始下地自由活动了。看来，店里的玩具并不是他的菜，或者早就在家里玩腻了。

淘气的小男孩撕开一双小皮鞋的标签，女人平静的脸上有了一丝怒气，依然没说话，狠狠瞪了他一眼，示意他坐回去。小男孩委屈得想哭，多多上前劝说："没事没事，放回去就好，一会儿姐姐想办法把标签再贴回去！"

很显然，孩子就是孩子，他并不懂什么道理，也无需懂道理。多多出于客气，替他说话，他反倒迁怒于她。小家伙一定觉得这两个大人是一伙的，妈妈比较厉害，不好欺负，所以就拣软柿子捏吧。他使出吃奶的力气，狠狠捶了多多一拳，咬牙切齿地把满腔的愤怒发泄了出来。

虽然被小孩子打十拳的力道还远不及被多多妈用拍被子的武器打屁股，但孩子的妈妈反倒面露难色，一改严肃表情，连声向多多致歉，并且还买了一条哈伦裤。小男孩穿着英式小 T 恤，配上刚买的牛仔哈伦裤，神气极了。被妈妈拖出店门的时候，还冲多多做了个大鬼脸。

原来，当老板也得忍气吞声呀！不过，看到手里的钞票，什么都可以忘记。和孩子们相处，很单纯，感觉不赖！

就这样，一件一件地把衣服卖出去，店里也积攒了一定人气。一些热心的妈妈会把自己的朋友也介绍来买衣服，多多有了固定的客户群，生意渐渐有了好转。

可以给多多妈好好放个假了，有了客源就不愁衣服卖不出去。这样一来，多多妈就不用做衣服了，可以安安心心做个全职太太兼家里的营养师。

雨天，没有客人。这个时间，全职太太会把孩子哄睡着，自己窝在被子里看韩剧吧？多多正捧着小苏的笔记想着盘点的事情。九月过去了，十月初该把货清点清点了。小苏在开业前就跟多多提过库存管理的重要性，一般来说，存货的盘点都是在每个会计期末进行的，比如月末、年末。这一天正好是 9 月的最后一天，下雨天没生意，没有货物的进出，也没有新购的衣服入库，正好是盘点的最佳时间。

打开抽屉找笔，里面还剩 3 块巧克力。哦，消耗得真够快的！按照小苏教的本期消耗存货的倒退法可以算出整个九月她一共消灭了多少块巧克力。

月初数：0

本期采购：30（多多妈给多多定量，一天只准吃一块，减缓压力，预防蛀牙）

月末数：3

本期消耗数 = 月初数 0+ 本期采购的 30 块 − 月末剩余的 3 块 =27 块！

进账情况	**心情指数**
￥￥￥￥￥￥￥￥	❤❤❤
￥￥￥￥￥￥￥￥￥￥￥￥	❤❤❤❤
￥￥￥￥￥￥￥￥￥￥	❤❤❤❤
￥￥￥￥￥￥	❤❤❤
￥￥￥￥￥￥￥￥￥￥￥￥￥￥￥￥	❤❤❤❤❤
0	💔
￥￥￥￥￥	❤❤❤
￥￥￥	❤❤
￥￥￥￥￥￥￥	❤❤❤

别闹了，干正经事吧！

电脑里还在放着《绯闻女孩》，穿着华丽的女孩们做着飞入皇宫当王妃的童话梦。多多不屑地冲屏幕笑笑，迅速关上电脑，伸了一个大懒腰，舒展筋骨，开始干活！她明白，女人应该有一张属于自己的支票和自己的事业！

多多对照小苏笔记上的盘点知识，摸索着。

【天使爱学习】

所谓盘点，就是要核对服装的账面数量与实际库存数量是否相符。借着盘点的机会也可以检查下衣服有没有因为在库房里放久了而褪色，存放方法是否得当，是否有压货的或者缺货的情况。

盘点的方法主要有两个：实地盘存制和永续盘存制。实地盘存制也叫定期盘存制，对于贸易类来说，通常账面只会显示本月进了多少货，不记录减少了多少。于是，这时候就需要到了月底去仓库盘点商品实际库存量，像算巧克力一样倒算出消耗量。永续盘存制也叫账面盘存制，一旦发生进货、出货、退货等增减变化，都要记账，随时可以非常准确地查到即时库存量。

小苏建议用后者来做账，所以盘点起来相对轻松一些，只需要对照账本，点一点衣服的实际库存是否和账面结余相符即可。

看罢，多多拿着账本和笔，猫着身子，满屋子盘点衣服。经过几个小时的折腾，多多终于独立做出了一张存货盘点表。

9月服装店库存盘点表

2014年9月30日　　单位：件

品名	期初数	本期发生数	账面数	盘点数	差异	差异原因
公主裙	10	10	0	0	0	
小纱裙	15	12	3	3	0	
哈伦裤	15	8	7	7	0	
牛仔帽	6	2	4	4	0	
娃娃袜	20	5	15	10	-5	被当做赠品送出去了

谢天谢地，粗枝大叶的多多只“丢失”了5双袜子！凭借残存的记忆，貌似、好像、大概是被当做赠品送出去了。现在扫货的辣妈个个都是砍价高手，买条公主裙，砍价不成，就想让多多送她赠品。

现在终于明白为什么要盘点了！说白了就是为了证明多多这个迷糊虫有没有把衣服丢弄或者弄脏弄坏，掌握了存货的实际数量才能掌握经营信息，并且为下一次进货做数据分析的基础。

如果盘盈：

借：库存商品

　贷：销售费用

如果盘亏，情况有些复杂，需要具体情况具体分析：

第一种情况：自然损耗

借：销售费用

　贷：库存商品

第二种情况：计量错误，且有责任人可承担赔偿义务

借：其他应收款

　　销售费用

　贷：库存商品

如果是一般纳税人还要把应交增值税中的进项税额转出，在贷方表现出来。

第三种情况：非常毁损

借：营业外支出

　贷：库存商品

比如囤积衣服的仓库发生火灾，衣服全部销毁。如果是一般纳税人还要把税金转出。如果能找到相关责任人，则同上，借：其他应收款。

库存的商品盘盈或盘亏是通过“待处理财产损溢”、“营业外收支”科目核算的。账面数与实际库存数不相符时就会盘盈或盘亏，通过盘点发现差异，就能顺藤摸瓜找到造成盘盈或盘亏的主要原因是什么，下一回就能防患

于未然。这就是账实相符的意义所在。

造成存货账实不符的原因是多种多样的，应根据不同的情况作不同的存货清查账务处理。通常情况下，定额内的盘亏，应增加费用；责任事故造成的损失，应由过失人进行赔偿；非常事故，如自然灾害，在扣除保险公司理赔及残料价值后，经批准应列作营业外支出等。反之，发生盘盈一般则冲减费用。

举个具体的例子如下：

根据“库存盘点表”所列盘亏库存商品 1000 元，编制记账凭证，调整库存商品账存数

借：待处理财产损溢 1000

贷: 库存商品 1000

经查实盘亏原因是： 合理损耗为 100 元；保管员过失 900 元。根据以上情况编制记账凭证，结转“待处理财产损溢”

借：销售费用 100

其他应收款——保管员 900

贷：待处理财产损溢 1000

也就是说那 5 双原本要作为商品出售的袜子就是多多保管不当造成的盘亏，严格来说应计入“销售费用”!

这还算幸运的，若是换在大卖场，多多弄丢了一件阿玛尼西服，那可是几万元的损失，卖了她都赔不起。据说，在大商场里发生盘亏，找不出责任人，专柜内的营业员都要平摊这个损失。老板真精明，把责任和风险都巧妙地分摊出去了!

盘点完库存，突然有些感慨。开店到底是为了什么？多多妈一个月就瘦了十斤。下个月开始应该改变一下经营模式，开店是为了盈利，为了更好地生活，有了客户群，了解了热销的货品，公主裙可以直接进货，让多多妈好好休息。

数目是搞清楚了，但是应该按照什么价来计算呢？

计算期末的存货价值，方法很多，小苏的笔记上密密麻麻地记录了一大堆外购存货成本的核算方法：

【天使爱学习】

(1) 货价应根据发票金额确认购货价格，但不包括按规定可以抵扣的增值税额。

(2) 其他可归属于存货采购成本的费用，就是指企业购入存货在入库以前所需要支付的各种费用，如在存货采购过程中发生的仓储费、包装费、运输途中的合理损耗、入库前的挑选整理费用等。

(3) 相关税费，是指企业购买、自制或委托加工存货发生的进口关税、消费税、资源税和不能抵扣的增值税进项税额等应计入存货采购成本的税费。

(4) 盘亏要用到存货支出成本的核算方法。一般来讲，企业应当根据实际情况合理地选择发出存货成本的计算方法，以合理确定当期发出存货的实际成本。

方法有以下几种：

(1) 个别计价法。这样计算发出存货和期末存货的成本比较合理、准确。

(2) 先进先出法。是以先购人的存货应先发出（销售或耗用）这样一种存货实物流转假设为前提，对发出存货进行计价。

(3) 加权及移动加权平均法。加权平均法不利于加强对存货的管理。因此从管理角度看这种方法并不是很严谨。而移动加权平均能使管理当局及时了解存货的结存情况，而且计算的平均单位成本以及发出和结存的存货成本比较客观。

(4) 计划成本法。存货的收入、发出和结存均采用计划成本进行日常核算。

(5) 最新计价法。其操作原理为采用最先进价法，平时存货的收入按实际数量、单价及金额计价。如果进价发生变化，即使未发生销货或耗用，存货结存成本也采用最新单价计价，由此产生的进价差异通过“库存商品”明细账来核算。当发生销售业务时，结转的单位成本为最新一次进价。由于结存存货和已销售的存货均按最新一次进价计价，存货结存成本必定会大于、小于或等于可供成本减去销货成本。物价上涨时，前者会大于后者，表示价格上涨可能带来的收益，此时的差异在“库存商品”明细账的进价差异栏用蓝笔或正数登记，表示贷差；物价下跌时，前者会小于后者，表示价格下跌可能导致的损失。此时的差异在“库存商品”明细账的进价差异栏用红笔或负数登记，表示借差。只有在物价涨跌综合正好相互抵消时，二者才会在金额上相等。销货成本无论是在月末一次结转还是每次发货时结转，“库存商品”明细账的进价差异累计数均在月末一次性调整该成本。

到底该用哪一种方法计量呢？哎，脑袋嗡嗡作响，来块巧克力减减压！

习惯性拿起黑巧克力，哇呜，立刻清醒了许多。剩下来的两颗，一个是白巧克力，一个还是黑巧克力，榛仁巧克力早就被我这只馋虫消灭干净了。

到底该用最早入库的存货价值入账，还是该用最后入库的存货价值计量呢？用黑、白巧克力来选择吧！

黑色选前者，白色选后者？还是，白色选前者，黑色选后者？

这可不是闹着玩的，算了，两块一起吃掉，再打电话给小苏问问吧。

“先进先出法？”

“嗯，对，你的店应该用先进先出法记账。在确定存货计价方法时，要坚持以下标准：以历史成本为基础；坚持客观性原则，如实反映销售成本与期末存货价值；坚持谨慎性原则，保证企业所有者和潜在投资者做出决策时尽可能避风险，使风险收益最大化。选择存货计价方法需要考虑的第一个因素是存货的特点及其管理要求。第二个因素就是存货计价方法对企业财务的影响。第三个因素就是存货计价方法对企业经营管理和业绩评价的影响。存货计价方法的选择需要考虑上述多方面的因素，而采用任何一种方法都难以兼顾各方面的要求。因此与其他存货计价法比较，用最新进价法是更具有科学性和实用性的。它既适用于各类企业的存货核算，也适用于同一企业不同存货项目的核算。它是当今存货计价方法的首选。”

“怎么才算最新？我这里每件衣服都很新!”

“小家伙别打岔，听我说！你只要记住一个原则：当你进好几次货时，一定要先安排先入库的先卖出去。因为衣服的价格不断变化，存货价值容易受到时间的影响。到了月末盘点日，积压在库房里的衣服表现出的价值其实已经不是标价上的数字，而应该是最新的价值。到了下个月，你不可能还按照原价卖。当可变现净值低于成本时，就需要计提存货跌价准备，遵守会计的谨慎性原则。一般来说，半年或者一年一次，其实就是通过重新评估让你知道剩下的这批衣服还值多少钱。”

“怎么评估？我现在一个头两个大，头发都没时间打理，放下来倒是很像平菇呢！”

“哈哈，那就扎起来，一秒钟变道姑吧！好了好了，不开玩笑了，还想不想听课？”

“必须听！”

“计算的时候要比较一下期末存货成本和可变现净值的大小，如果成本低于可变现净值，期末存货按成本计价，不用计提跌价准备；但当成本高于可变现净值，高出的部分就计入‘存货跌价准备’。”

“等等，等等……什么是可变现净值？”

“哦，忘了你不是同行，术语是死穴。可变现净值 = 估计售价 - 销售费用，存货跌价准备 = 库存成本 - 可变现净值。计提分录按我说的做，借：管理费用，贷：存货跌价准备。”

“哦，我风华正茂的，还没到跌价的时候呢！”

“哈哈，少贫嘴，记住了吗？”

“嗯嗯，收尾，回家睡觉，否则再这么熬下去，容颜老去，我就真要跌价了。”

13 成本控制怎么做

多多总是认为自己刚学到的那点会计知识只能算得上是毛毛雨，她更加愿意和小苏以及小马哥一起讨论“我们把钱浪费在何处”，然后一起去解决！

和财务关联最大的当然就是库存浪费。既然已经盘点完，那不妨就一同和多多一起解决她最重视的问题吧！

最近流行一种“新成本主义”的说法：

利润 = 成本 - 浪费。

从生产的角度出发，这一类浪费一共有 7 种：

(1) 生产过剩。

(2) 在现场等候的时间。

(3) 不必要的运输。

(4) 过度处理或不正确的处理。

(5) 存货过剩。

(6) 不必要的移动搬运。

(7) 产品瑕疵。

企业的利润从何而来？从减少浪费中来。成本是无辜的，真正导致利润下降的是浪费。比方你是一个月入 5 千的小白领，每月消费却高达 1 万，不仅没余留，还透支，扎扎实实当了“白领”（白领工资的人）。以前美国人在这方面确实很自大，以为有技术就有了一切。殊不知现在是地球村，技术就像流动的水，会做美国通用会计准则（USGAAP）报表的也有黄皮肤黑眼睛的中国人。要想获得利润，就要在消除浪费上下工夫，而浪费并不是真正的成本；人们对浪费的麻木，导致的是无谓的消耗，而这一切都需要让消费者承担。让员工养成节俭的习惯，是一种美德。但美德不等于必须拥有的品德。于是乎，善变、善学的欧美老板们在经济危机中学会将成本压制到最低的方法。

听小苏说，她的老板几乎都是从中国台湾、新加坡地区高薪聘请来管理人员进行现场管理。一帮假洋鬼子全盘操控着公司，用《资本论》所说的剥削压迫员工，直到每个毛孔里都压榨不出一滴鲜血，简单说就是用最少的钱办最多的事。在经营一间店的时候，就必须要借鉴他们的方法，比如做库存报表和财务计划，有条不紊，事半功倍。

另外，丰田管理者有句名言：真正的浪费，是对员工智慧的浪费，这是最大的无形损失。多多不仅是老板，同样也是员工。经营管理确实是门需要钻研的学问，会计更是其中很重要的一科。学好了会计，才能剥削别人，轻轻松松赚到钱，哈哈。

14　谁动了我的钱柜——财务内控

不过，还没等到剥削别人的那一天，这个只当了1个月的小老板就露出疲态。小苏来店里指导工作，多多诉苦：会计、出纳一肩挑有点吃不消，脑子也混乱，有时候抽屉里零钱不够，都是自掏腰包找零；有时候多多妈没来得及送晚餐，自己也懒得下厨，叫份外卖没零钱，也会从抽屉里先取出来。

“不是早就告诉过你，公私要分明的嘛！这下闹不清到底谁欠谁了！”小苏没好气地数落了她。

“那怎么办呀？”

“已经搞不清了，就算了，从下个月起，最好要把这个职位分开。”

“分开？怎么可能？总不能把我劈成两半吧！”

“嘿嘿，你那小身板自然是不能一分为二。但是从财务制度上来看，你这么操作不仅混乱，而且也把自己搞得很辛苦。健全财务制度下的企业有时候从外头聘人进来做出纳也不会出现大问题，不过一般都找本地的，以防万一。”

“再聘一个人还不如杀了我！我给自己开工资都够呛。多多妈的奖金还悬着呢，怎么养得起别人？”

“别着急，听我慢慢说。现在我空一些了，账由我替你做，顺便你也好慢慢跟着学做一些分录；钱由你管着。到了月末，咱们对对账，多退少补。你肯定吃不了亏，也没法子亏空公款。”

“哈哈，姐，你把我当小毛贼了吗？”

“会计都是铁面无私的，对事不对人，皇子犯法与庶民同罪。每个单位都有一套费用报销手续，用制度管人，而不是用人管人的旧方法。”

“啊？还有这说法?是不是就像我爸妈给我立的家规？”

“呵呵，差不多。在企业里，这叫‘内控’！”

“什么，什么？内裤？”多多没听清。

小苏笑岔了气：“我说丫头，你脑子里到底在想些啥？我说话有这么不清楚吗？”

“额，在想晚上吃点啥。叫两份盒饭吧，艰苦日子，姐姐见谅！”

“你啊……话说回来，内控挺重要的，要不要听？”

“要，要，要！我现在是如饥似渴！”

“哈哈，你挂念的是你的饭，可不是我要给你讲的课。师傅领进门，修行靠个人。”

“嘿嘿。我的好姐姐，给我讲讲呗！我愿洗耳恭听。”

【天使爱学习】

企业财务报销都有一套自身的制度：

(1) 出差借款：出差人员凭审批后的《出差申请表》按批准额度办理借款，出差返回5个工作日内办理报销还款手续。

(2) 其他临时借款，如业务费、周转金等，借款人员应及时报账，除周转金外其他借款原则上不允许跨月借支。

(3) 各项借款金额超过 5000 元应提前一天通知财务部备款。

(4) 借款销账规定：

①借款销账时应以借款申请单为依据，据实报销，超出申请单范围使用的，须经主管领导批准，否则财务人员有权拒绝销账；

②借领支票者原则上应在 5 个工作日内办理销账手续。

(5) 借款未还者原则上不得再次借款，逾期未还借支者转为个人借款从工资中扣回。

不过，制度是死的，人是活的。小苏单位里就有蛮横无理的老板助理，急着要钱就搬出老板仗势欺人，钱一到手就忘了销账。老板一训话，她又拿出女人的有力武器，泪眼婆娑地诉苦，说还有很多钱都是自己垫付的，只是账太多，搞不清了。你能拿这种人有什么法子呢？所以必须要用制度来说话，一旦企业形成这种制度，并用书面方式公布出来，大家都会去好好遵守。就像上公车，虽然无人售票，但公众会作为监督者一样。

有了制度还不够，必须还有配套的借款流程：借款人按规定填写《借款单》，注明借款事由、借款金额（大小写须完全一致，不得涂改）、支票或现金。然后由主管部门经理、财务部、总经理一次审核批准。想拿钱就必须凭着审批后的借款单找财务部出纳办理领款手续。

日常费用主要包括差旅费、电话费、交通费、办公费、低值易耗品及备品备件、业务招待费、培训费、资料费等。在一个预算期间内，各项费用的累计支出原则上不得超出预算。

"这么多规矩？"

"规矩多着呢！你要是在企业待上一年半载估计会崩溃。所有款项的支出都必须由所属部门的领导先批准报销事由，将所有发票贴在报销单后面交给财务部，经财务审核后才能予以报销。"

"这么严格？"

“对啊，越严厉，越美丽！”小苏巧妙借用时下的电视节目宣传语，姐俩都爱说俏皮话。

“哇呜，姐姐也在看《舞林大会》，那些晚礼服简直美呆了。穿上丝般顺滑的礼服，女明星个个都是极品尤物，连我都看得目不转睛。”

“跑题了，回来！”

“遵命！”

“最严厉的会计可不比毒舌评委省油。”小苏喜欢用对方能接受的方式说教，对症下药。

“你是说那个毒舌评委？”

“对呀，她会一语中的批评某个女星是不会跳舞的花瓶，还会嘲讽自以为是的明星腿太短。在企业里，会计充当的角色就是‘毒舌’，总经理不愿意付的款，由会计出面，以资金不足为由压着不给钱。发票不合格或者没贴好，退回；事由不详细，退回；少了领导的签字，退回。约法三章，严格得很，我从来没见我们领导在公司里笑过。有一回带悠悠去游乐场，看到她带着孩子玩得可开心了，母性光彩照耀下的女人最美。可惜，在职场，女人就得当自己是男人，有事没事都得端着，气势不能输。”

“做女人真不容易！”

“到了月末更不容易，原始票据哗啦哗啦全部堆过来，能把你给埋了。”

“被纸给埋了，太夸张了吧？”

“一点不夸张，月末月初是会计的默哀日，没有欢笑，没有泪水，只有埋头苦干的份儿，连喝口水上趟厕所的时间都没有。”

“忙些啥？”

“处理凭证呀！你别小看这些发票，每一种都有说法。把费用集中到一块儿处理是比较省力的，因为平时可以有空玩玩开心网，逛逛淘宝，到了月底就忙晕咯。你这铺子涉及的最多的当属营业费用。就是企业在销售产品和提供劳务等日常经营过程中发生的各项费用以及专设销售机构的各项经费。”

“都有哪些？运费算不算？”

“嗯，不错，答对了一个！费用是指企业在日常活动中发生的、会导致所有者权益减少的、与向所有者分配利润无关的经济利益的总流出。只有在经济利益很可能流出从而导致企业资产减少或者负债增加、且经济利益的流出额能够可靠计量时才能予以确认。企业为生产产品、提供劳务等发生的可归属于产品成本、劳务成本等的费用，应当在确认产品销售收入、劳务收入等时，将已销售产品、已提供劳务的成本等计入当期损益。企业发生的支出不产生经济利益的，或者即使能够产生经济利益但不符合或者不再符合资产确认条件的，应当在发生时确认为费用，计入当期损益。发生的交易或者事项导致其承担了一项负债而又不确认为一项资产的，应当在发生时确认为费用，计入当期损益。

除了运费，销售费用还包括装卸费、包装费、保险费、广告费、展览费、租赁费（不包括融资租赁费），以及为销售本公司商品而专设销售机构的职工工资、福利费、办公费、差旅费、折旧费、修理费、物料消耗、低值易耗品的摊销等。”

“这么多，怎么记得住呢？”

“不用特意花时间去背，只需要有印象，哪些属于哪个科目，作为本科目的明细科目计入多栏明细账即可。

“会计可真不好当！”

“那是当然！

过了几天，多多又去进货。这回，不麻烦小马哥亲自押运，来回几个钟头，连走马观花的时间都没留下。小苏按之前和多多协商好的内控制度，一下班就赶到店里帮忙做账。

“进货来回的车票呢？”

“在这！去的时候坐大巴。回来的时候拉货真是累死我了，拦了一辆回程的出租车，谈好 150 元的价，算算油费也差不离。”多多递过去一张打车发票。

“汽车票呢？”

摸遍了全身上下，多多也没找到那张该死的车票。

“算了，先处理运费。”

“该放进哪个科目？”多多头一回看小苏做账，充满了好奇，不由伸长了脖子。

借：销售费用——运输费　　150

　贷：库存现金　　150

“汽车票先等一等入账，150元的打车费可以先入账。车票相当于是发票，报销时的一种凭证。它这个时候跟你玩起躲猫猫真淘气，这样吧，你找一张等值的发票先抵着。一般来说，这种情况是不允许的。但是你的发票丢了，是不可以凭空入账的。”

“可我也不是用两条腿跑过去的呀！”

“你这丫头，等你妈给你洗衣服的时候，兴许就能发现遗失的证据了！”

“此话有理！”

“如果找着了，记得把发票换回去就成；如果实在找不到，就用等值的发票暂时抵一下，说明事由即可。假如你进货比较多，收到的是货代公司开出的《国际货物运输代理业专用发票》，就千万不能丢啦。国际货物运输代理业专用发票是服务业发票的一种，不属于可以抵扣的货票，不能抵扣。而准予抵扣的运费结算单据（普通发票），是指铁路、民用航空、公路和水上运输单位开具的货票，以及从事货物运输的非国有运输单位开具的套用全国统一发票监制章的货票。其收货人、发货人、起运地、达到地、运输方式、货物名称、货物数量、运输单价、运费金额等项目的填写必须齐全，与购货发票上所列的有关项目必须相符，否则不予抵扣，准予计算进项税额扣除的货运发票种类，不包括增值税一般纳税人取得的货运定额发票。如果你找的是一些小型货代公司，对方去地税局代开的运输发票可以按7%计提进项税，由税务局认证后抵税。”

“哦，以后再也不能丢发票了！”

“你这还算幸运，是自己的铺子。如果在企业里头，丢了发票等于丢了钱。”

“这么严重？”

“是呀，我记得我刚上班的第一年，坐在对面的老会计在做账，抱着一本又一本的凭证往柜子里装。我就热心地去帮忙，边搬边问她这些是什么。她笑笑，告诉我，这些都是钱，一张都不能丢。”

“记住了。下回再丢发票，你就罚我的款！”多多半开玩笑。

“呵呵，别耍贫！我跟你说的这些都是实实在在的学问，书本里头学不到的哟！还有什么发票，一起给我做账！”

多多从抽屉里翻出一堆纸片，夹杂着餐饮发票、手机话费发票……咦，原来60元的汽车票在这里啊！

这下不用罚款啦！连找发票替代都免了！

借：销售费用——电话费　　100

——运输费　　60

贷：库存现金　　160

餐饮发票怎么办呢？每次都定点在一家小餐馆订餐，老板给的是定额发票。哇，虽然多多妈会不定期地送晚餐过来，但上个月小苏在店里的时候，两个丫头一般都是叫外卖，总金额是400元。

“里面也有我的一份，咱们就视同招待费吧，来者是客。”小苏说。

借：销售费用——招待费　　400

贷：库存现金　　400

“说到招待费，告诉你件有意思的事情。有个台湾人为公司跑市场，每天喝得酩酊大醉，满嘴酒气地跑到出纳面前讨钱。头儿说他报销的招待费超出预算太多了，不予批准。小出纳又没有实权，啥都要听领导的。头儿装忙，出去避风头。这个市场总监就发了火，拍桌子骂人，讲话很难听。可怜的小姑娘只好致电给在国外出差的老板，老板恰恰又是外国人，听不懂中文。”

“那怎么办？”

“姑娘也挺聪明，看到有人抽烟，急中生智告诉老板：David(市场总监) is on fire.老外很聪明，很快就意会，有人在挑战财务威严，不按程序办事。对付愤怒的人，千万不要和对方动气，最好的方法就是淡定。别人生气，你不气。老板也学过会计，教了一个绝招：告诉他没钱。这是所有会计人甚至财务总监最擅长的一句话。”

想动钱柜？可没那么容易。做会计，就要替老板着想，越装傻，越精明。

15　纳税的艺术

小马哥来店里看多多，手里提了盒寿司，那是多多的最爱。两片三文鱼看起来很诱人，立刻就被吞了下去。

“哥，以后一看到三文鱼，我就会想到你的大恩大德。”到底是吃人嘴软啊，多多边说边做了个“萌萌哒”（网络俚语，意为：可爱）的表情。

“别别别，就几块寿司就让我成恩公了，我要是再帮别的大忙，你还不得以身相许啊？”

“呸，别跟别人说咱们认识。”

“咱们不仅认识，还是青梅竹马、两小无猜不是吗？不过你这精灵鬼，我可不敢娶回家，早晚被你骗了卖人。”

“你……看在这些小东西的份儿上，不跟你计较。我的地盘我做主，你站的每一寸土地都是我的！是我的！”多多气急败坏地又吞了几颗寿司，这回是蔬菜口味的，淡定。

“白眼狼的丫头！还准备给你支点招，带动店里的人气呢！”

“啥？你有法子？”多多立马拉住他，贪婪的表情一览无余。

“一个店铺若是货品系列、风格、价位段等定位好，坚持下去，顾客群就会慢慢地培养出来。如果东一榔头西一棒地做，能赚钱并不意外，但是久而久之并不能保证稳赚。看你店里的风格就知道，你的心态就是自己喜欢什么就进什么，定位不稳，主题不清晰。据我保守估计，这批货刚刚积累的客人下回不一定会来，你两次进货风格的区别很大。”

“那咋整？”

“学营销啊！以熟客为主的生意，有时只能将大部分的资源和精力用于这小部分的客人。来店铺的什么样的顾客都有，抓住真正的消费者，才是关键。比如你们小姑娘喜欢逛淘宝，但是买的东西多了，也挑烦了，每种货品会有长期光顾的几家店铺。”

“看来我得下点血本吸引这种长期客户群。”

“没错！总之，不管你卖什么风格的衣服，都会有人说好或不好。这条街几乎都在卖服装，光是卖童装的就有好几家，竞争不小。第一个月经营状况怎么样？”

“小苏姐帮我算了，不算我妈的辛苦费，压低自己的工资，勉强能赚一点。”

“好兆头，看来你已经确定好自己的经营路线。我刚开始做生意的时候，客户上门总是建议一大堆。该听的地听，但不是全部要接受。童装有目标客户群，就看自己以什么样的优势与同行竞争，吸引特定的客户群了。”

“店才开了一个多月，还没有什么回头客。不过，我都把她们的QQ、电话记下来了，一旦有新货都会发消息通知。”

“聪明！”

在小马哥的提醒下，多多打算乘胜追击，在网络上也发布一些宣传信息。

按照小苏上回做账的方式，网站开出的广告费也应计入“营业费用”，知识就是这样，举一反三，汪洋大海才能化作潺潺溪流。

小苏下班后，照常来店里义务帮忙。

“我们的多多成明星老板娘啦！”

“嘻嘻，请把‘娘’去掉，我是老板！”女娃娃顿时有了范爷的煞气，继续说道，“托小马哥的福，他帮我拍了几张产品照片，做成系列短片，很童趣，在网站点击率很高！”

“不过，这笔广告费花得值！”小苏很赞成网络营销，它能给服装店带来潜在的收益。

“啊，上个月刚赚回来的钱还不够交广告费的呢！一睁开眼，我满脑子都是账单。”

“哈哈，让你头疼的还在后头呢！上个月看起来情况还不错，其实入不敷出，因为好多费用还没真正算进去。比如税。人情债、感情债、金钱债可以躲，税款你无处可躲！不管你是单位还是个人，税金如影随形地来，你兜里的钱就会一点一点地少，少半毛钱都不成！”

应交税费就是企业按照税法等规定计算应交纳的各种税费，除了增值税，还有消费税、营业税、所得税、资源税、土地增值税、城市维护建设税、房产税、土地使用税、车船使用税、教育费附加、矿产资源补偿费、企业代扣代交的个人所得税等。前面我们已经提到过一种增值税，今天就着重讲一讲与服装店关联很大的这个税种。应交增值税细分一下，还可以分为“进项税额”、“销项税额”、“出口退税”、“进项税额转出”、“已交税金”等。

①企业采购物资，按应计入采购成本的金额，借记“材料采购”、“在途物资”或“原材料”、“库存商品”等科目，按可抵扣的增值税额，借记本科目(应交增值税——进项税额)，按应付或实际支付的金额，贷记“应付账款”、“应付票据”、“银行存款”等科目。购入物资发生退货做相反的会计分录。

②销售物资或提供应税劳务，按营业收入和应收取的增值税额，借记“应收账款”、“应收票据”、“银行存款”等科目，按专用发票上注明的增值税额，贷记本科目(应交增值税——销项税额)，按确认的营业收入，贷记“主营业务收入”、“其他业务收入”等科目。发生销售退回做相反的会计分录。

③出口产品按规定退税的，借记“其他应收款”科目，贷记本科目（应交增值税——出口退税）。

④交纳的增值税，借记本科目(应交增值税——已交税金)，贷记“银行存款”科目。

⑤企业按照税法规定计算应交的所得税，借记“所得税费用”等科目，贷记本科目（应交所得税）。交纳的所得税，借记本科目，贷记“银行存款”等科目。

“姐姐太了解我了，我总是迷糊，你就直接告诉我，我要交多少钱吧！”

“从账面上看，本科目期末贷方余额，反映企业尚未交纳的税费；期末如为借方余额，反映企业多交或尚未抵扣的税费。不过，你这小铺子嘛……”小苏在这个小空间里来回踱步，想了想说，“交个定额税就可以了。”

16　往来账，须算清

广告费是花出去了，定额税也交了，怎么还没动静？

生意不好的时候，多多甚至想过要去摆地摊。电视里，女人手拿两把大葱，欢乐地唱着《甩葱舞》，男人套上蜘蛛侠的衣裳在一旁伴舞，看起来既滑稽又温馨。娱乐节目看多了，大众早就对这种“电视效果”麻木了。不过，假如真有一个人能陪自己吹着冷风，在闹市街头放下尊严，一起享受吃苦的幸福，她倒宁愿去摆个小摊儿，还省了房租。

小苏当时就打消了她的念头："三千万大军都抵不过一支城管小分队，趁早死心！再等等，广告效应也不是即可见效的。"

果不其然，两天后，小店里的客人络绎不绝，忙坏了多多。

多多还算不上有多懂生意经，作为新手总是要比老手多吃一点亏。而且做生意不能光靠运气，还是努力向小马哥多学习才好。

再次进货时，她也不苟言笑，在商言商，言语中多了一份笃定。批发商也识相地收起了扑克脸，他们也需要留住客户呀。协商一致，双方拍板：两个月算一个账期。

这下资金流动顺畅多了。没有实际的收入该怎么做账呢？

小苏不慌不忙地把税款的分录做好后，就开始处理销售业务。

"首先，我问你，有没有注意过商场的收银台？"

"有啊，一层一个或者好几个。"

"不是这个，你拿到心爱的衣服之前，营业员会给你什么？"小苏引导道。

"销货单和缴款单啊。"

"没错，营业员填好货品名称、数量及金额之后，就会把销货单据交给你，示意你去交费。等你去收银台交完钱回来，一手交回单，一手取衣服，对吗？"

"嗯。"

"其实，这还不算是一个完整的销售过程。大商场的流水账比较多，大金额进出难免会有错误发生，所以一般来说都是日结。收款员和营业员核对票据和金额，然后填好销售日报表，最后会把钱交给出纳直接存银行，单据留给会计做账。一般来说，企业的销售员除了要负责出售商品，还要负责核对应收应付往来账，并按照账单去收款。"

"往来？"

“嗯，就是公司与供应商和客户之间的贸易往来,记录公司应付供应商多少款,应收客户多少款的账目，也是明细账的一种。就如同人情往来，出来混总是要还的，别人不会无缘无故送你一堆金银财宝。你的批发商现在对你展开花儿一样的微笑，自然是想把你视作重点客户，所以给了两个月账期，但是如果两个月后，你付不出这笔钱或者拖延付款，你看他又会是什么脸色！”

“应收和应付听起来好像双胞胎呀！”

“错！刚接触这些带‘应收应付’字的会计科目，很多人都会分不清。字面上看是很相似，其实意思完全相反。反映欠人的往来账有‘应付账款’‘预收账款’‘其他应付款’‘其他应交款’等；反映人欠的往来账有‘应收账款’‘其他应收款’‘预付账款’等。往来账分为一般往来和其他往来，对应会计科目为应收＼应付账款，其他应收＼应付款。跟主营业务相关的计入‘应收账款’和‘应付账款’，有票据发生的计入‘应收票据’或‘应付票据’，其余的大杂烩基本上都可以放进‘其他应收款’或‘其他应付款’里。

在现今的会计处理中，往来账是最为基本也是最为重要的账务处理体系之一，会计初学者需要注意的是，往来账的账面调整必须有银行（包括内行）的单据作为依据，不得随便调整。

往来账的记账方法有点意思，但千万别放错了‘借’、‘贷’方向：

借钱时：

借：应收账款

　贷：库存现金或银行存款

还钱时：

借：库存现金或银行存款

　贷：应收账款

正正反反，反反正正，怕你晕乎，先消化一下吧。”

“收不回来怎么办？虽然店里还没有开始赊销，但是一些熟客有时候没带零钱，会在下一次买东西的时候付我钱。”

“做生意确实会有这种现象。”

【天使爱学习】

《企业会计准则》规定：“企业应当定期或者至少于每年年度终了，对应收款项进行全面检查，预计各项应收款项可能发生的坏账，对于没有把握能够收回的应收款项，应当计提坏账准备”。

企业应收款项可能发生的损失应当计提坏账准备，具体包括：应收账款和其他应收款。应收票据本身不得计提坏账准备，当应收票据的可收回性存在不确定因素时，应当转入应收账款后计提坏账准备。一般情况下，预付账款不应当计提坏账准备。如果有确凿证据表明预付账款已经不符合预付账款的性质，或者因供货单位破产、撤销等原因已无望再收到所购货物的，应将原计入预付账款的金额转入其他应付款，并计提坏账准备。

企业应收款项可能发生的损失应当计提坏账准备，具体包括以下各项：应收账、应收票据、其他应收款、预付账款。

先来了解一下坏账准备吧：

坏账准备是指企业的应收款项（含应收账款、其他应收款等）计提的，是备抵账户。企业对坏账损失的核算，采用备抵法。在备抵法下，企业每期末要估计坏账损失，设置“坏账准备”账户。备抵法是指采用一定的方法按期（至少每年末）估计坏账损失，提取坏账准备并转作当期费用。实际发生坏账时，直接冲减已计提坏账准备，同时转销相应的应收账款余额的一种处理方法。

简单来说，就是再也没法收回的应收账，这种预计的损失就叫坏账。

应收账款初次确认的入账金额并不意味着都能收回，由于债务人的种种原因，其中有一部分可能无法收回，这对债权人来讲是一种损失，即为坏账损失。如果熟客越来越多，你就要开始注意你的应收款管理了，因为赊销既有利益又有成本。

《企业会计准则》规定，应收账款属于下列两种情况时应确认为坏账：

（1）债务人破产或死亡，以其破产财产或遗产清偿后仍无法收回时。从法律角度讲，债务关系已不复存在了。

（2）债务人逾期履行其偿债义务，且有明显迹象表明无法收回。此时，从法律角度讲，债务关系尚存在，但从经济实质上讲，债款已不能收回，会计上出于谨慎考虑，确认坏账损失。

会计上处理坏账有两种方法：

（1）直接转销法。使用起来很容易，但它不能使收入与费用配比，因此仅在坏账金额很小时才用。直接转销法应用起来十分简单，如果坏账损失金额不大，它也不会引起太大的错误。但它所产生的会计数据不够准确。直接转销法下，公司要等到信用部门确定顾客的款项不可收回时，才对坏账进行会计处理，确认为坏账。在注销某一客户应收账款的同时，把坏账损失列为发生期的管理费用。但是这种方法忽视了坏账损失与赊销业务的联系，即在前期不反映潜在的坏账损失，显然不符合权责发生制原则和配比原则，也容易使资产负债表上列示的应收账款被高估。

（2）备抵法。就是先准备着，秋后算账。备抵法是一种应用权责发生制计量坏账费用的更好方法。

为了编制尽可能准确的财务报表，若企业赊销额较大，会计人员采用备抵法计量坏账。这种方法是预先估计坏账，而不是等到企业确定不能从顾客处收回账款时记录坏账损失。精明的管理者知道：并不是每个顾客都将全额支付他们的款项。但是在销售时，管理人员不知道哪位顾客将不能付款。否则，他们不可将商品赊销给这些顾客。所以坏账准备是针对全部应收账款，而不是针对某一客户的应收账款。

备抵法下，首先要按期估计坏账损失。我国会计准则规定，估计坏账损失可使用应收账款余额百分比法或账龄分析法。

（1）应收账款余额百分比法。

这种方法是根据会计期末应收账款余额乘以估计坏账率即为估计收不回应收账款金额，并为之建立相应的坏账准备。

其中估计坏账率是一个会计估计问题，所采用的比例根据企业以往的经验和当前的具体情况合理确定且及时调整，并不是随意的。

（2）账龄分析法。

这种方法是根据各应收账款的账龄的长短来估计坏账。理论上讲，应收账款被拖欠的期限越长，发生坏账的可能性就越大。采用这种方法，企业利用账龄分析表提供的信息（不同期限的账款估计坏账率不同），就能确定坏账准备金额。

如何提取坏账准备金呢？

年末应计提的坏账准备数＝当年年末应收账款余额×百分比＋“坏账准备”的借方余额－“坏账准备”的贷方余额

（1）年末计提坏账准备时：

①年末应计提的坏账准备数＞0

借：资产减值损失

　贷：坏账准备

②年末应计提的坏账准备数＜0

借：坏账准备

　贷：资产减值损失

③年末应计提的坏账准备数＝0，则不作会计分录

（2）发生坏账时：

借：坏账准备

　贷：应收账款

（3）坏账收回时，分两步走：

①借：应收账款

　　贷：坏账准备

②借：银行存款

　　贷：应收账款

或者：

借：银行存款

　贷：坏账准备

“店里基本都是现买现卖，从来不赊账的，我不担心别人不给钱。如果我去批发市场进货，货上一趟已经拿了，这回却找不到人付钱怎么办？”

“这个问题问得好！如果确认他不可追讨的话，那就算你赚到了。‘应付账款’不用提入坏账准备，做借记‘应付账款’，贷记‘营业外收入’，这样就可以了！不过可能性不大，少做白日梦，别人怎么可能做赔本的买卖，生意人可没啥人情可讲，钱是钱，人是人，分得可清楚咧！”

“我偏偏要做个又能赚到钱又有人情味的老板！”

这周一连下了好几场雨，生意时好时坏。有个熟客出门没带伞，过来躲躲雨。临走的时候，多多从抽屉里拿出了多多妈塞进去的999感冒灵。

嘿嘿，有了“人情”这张王牌，这铺子才能开得长长久久嘛！

17　暖暖的现金流

店铺的生意越来越好，许多都是回头客。有的客人喜欢来店里聊聊天，多多会准备好玫瑰花茶和小点心，贴心之极，店里也越来越热闹。服装店想增加新的利润点，选择货品来搭配很重要，学过设计的多多自然是内行。除了给孩子们搭配衣服，她还给一些VIP客户打更有诱惑力的折扣，并赠送袜子，贴心极了，大家都夸这个老板是个极有人情味的女孩子。

听了赞赏，多多心底的这股暖流也让现金流活络起来。

小小的一间服装店，多数都是现金流水。

记得冬天来临的时候，多多妈总在耳边唠叨：把水龙头打开一点点，细水长流。这样不会浪费水，也能做到“流水不冻”——流动的水不会结冰。只要让现金流成为活水，资金链就断不了！与算计口袋里多了几两银子相比，了解荷包里的现金流走向也十分重要。因为资产负债表上（这个我们以后再说，最后一章重点讲）的货币资金和利润科目分别就是从现金流量表和利润表（下一章会提及，到时候你就知道你赚了多少钱）上得到的。先学会简单的，再学更高级的。多多不好意思再麻烦小苏，只问她要了现金流的模板。看看自己能不能独立完成第一张报表。

现金流量表是相当重要的一张财务报表，小企业不强求一定要做现金流量表，但它能为企业经营管理者提供一个很重要的信息——现金流向和流量。就像车里的油表，今天油耗是多少，还剩多少，能维持几公里，到了明天还剩多少，一目了然。同理，企业高管看到现金流量表就会明白，本月钱都花到哪里去了，到了月底公司户头还剩多少钱。月末，管理层开经营管理会议时，这张报表必会被查阅。老板心里也有了数：没钱了少花，画饼充饥；挣钱了，有盈余，给员工多发点福利，减少民怨，劳动效率更高。

到底怎么做这张万众瞩目的报表呢？

现金流量表，顾名思义就是和现金有关的表。咱们一块儿来看看下面这张表。

9月服装店的销售明细

品种	单价	销量	收入	占总销售额的比例
公主裙	150	10	1 500	28.68%
小纱裙	170	12	2 040	39.01%
哈伦裤	200	8	1 600	30.59%
牛仔帽	30	2	60	1.15%
娃娃袜	6	5	30	0.57%
总计			**5 230**	**100%**

注：1.定价是按照70%的毛利率粗略估计的，并且留有给顾客讨价还价的余地。
2.假设妈妈做的10条公主裙销售一空。

这是最主要的现金收入，也只是现金流入的一部分，当然还有现金流出的部分，汇总一下吧！

网络上对于小店铺的会计实务解答不多，一般来说，规模较小的店铺只需要记录收支即可，不会有太多复杂的会计实务。几经磕磕碰碰，多多终于艰难完成了一张像样的报表：

9月所有与现金相关的项目		
注册资本（妈妈的亲情赞助）	50000	
房租	-12000	
装修费	-5000	
第一次进货	-15000	（比预算的20000少，保守起见，少进了一些）
税费	-500	
电费	-800	（夏天用电量大，远远超出了预算）
模特等杂费	-1500	
自己的工资	-1000	
本月销售收入	5230	
运费	-210	（将火车票和汽车票合并同类项，一同计入运费）
电话费	-100	
其他	-500	

现金流量表是三个基本的财务报表之一，也叫财务状况变动表，显示于指定时期(一般为一个月、一季或一年)的现金流入和流出的财政报告，可用于分析企业在短期内有没有足够现金去应付开销。

根据其用途划分为经营、投资及融资三类。

现金流量表是一份报告，显示资产负债表及利润表表如何影响现金和等同现金，以及根据公司的经营、投资和融资角度做出分析。作为一个工具，现金流量表的主要作用是分析公司短期生存能力，特别是缴付账单的能力。

对照小苏的模板，多多整理了一下：

9月现金流量表

1.经营活动产生的现金流量	
房租	-12000
装修费	-5000
第一次进货	-15000
税费	-500
电费	-800
模特等杂费	-1500
自己的工资	-1000
本月销售收入	5230
运费	-210
电话费	-100
其他	-500
2.投资活动产生的现金流量	0
3.筹资活动产生的现金流量	
注册资本（妈妈的亲情赞助）	100000
期末余额	18620

虽然现金流的余额是正的，但不表示本月就真的获利。想想看，本月没有卖出保本点销售额等于在消耗注册资本，必须快马加鞭增加销量，减少开支！不过，开店初期的一次性投入，如房租、模特等杂费，下个月都不会因此再发生现金的减少。虽然现金流量的从店内的现金流量表可以明显看出，钱和水一样，是流动的。今天发了薪水，明天交了电费，后天进货，现金进进出出，好不热闹。所以，理财的第一步，就是要会算账。把每天的收支状况记录在案，记一个生活流水账。到了月底，结合所有的数据做财务分析，看看你有多少钱，花出去多少钱，进账多少，可谓一目了然。其中，最简便的就是定期做现金流量表。

店里的客人几乎都是妈妈级的，在一起聊聊八卦，还总爱拿多多开玩笑，让她早点嫁出去，否则当了剩女。多多才不在乎，青春无敌，谁怕谁!女人最需要什么？一张支票和一间属于自己的小店就够了。

【财女宣言三】

合理的利润分配

对于创业者而言，理财显得尤为重要，必须公私分明。否则生活一团乱，生意还能做得了吗？因此，公司业务理得清，家庭经济也得拎清。当弄明白创业投资与正常生活开销的先后顺序后，首先进行合理的家庭收入分配，并进一步的制定家庭专属的投资理财计划。

首先像计算投资创业成本那样给家庭开销做个分类：

固定支出

在家庭支出的排序中，固定支出是第一位的。这其中包括房租、房车贷款、家庭成员保险金的缴纳、物业费等。一旦选择享受其服务，这部分支出往往具有不可逆性。因此，这部分支出要在制定家庭理财计划时，首先列入。

可变支出

衣、食、医药花销、交通、通讯等都是可变支出。可变支出在需求上是一定的，每个人都要穿衣、吃饭，但是我们可以控制其支出的程度。这部分支出一定要有量的控制，否则支出可能变成无限大。

灵活支出

灵活支出主要有人情往来、娱乐花费、旅游费用、美容保健费用等。这部分开销是可预见并且是弹性的，可做长期计划；不可预见性的那部分则可通过记账的方式测算出平均花费，从而进行灵活调剂。

应该将家庭投资理财支出，作为固定支出。这样既能保证“可变支出”不会盲目消费，又能长期积累，用于实现购房、购车等大宗消费。因此，将每月收入固定划出一部分钱用于投资也不错。

债务忠告

1.冲动是魔鬼，欲望是个无底洞，请毁掉多余的信用卡，只留一两张周转即可。

2.强制性定存，并且有计划地消费，不但可以因此而得到满足感，更可以证明自己能持之以恒地储蓄而获得成就感。摆脱“月光族”的命运，才能为未来的人生计划，如买房子、投资或结婚等做准备。

3.假如购置新的汽车、家具、电视机或用于生活的贷款，就是消费贷款。这时候欠债的人应当遵守50％／50％的原则。将不用于生活的那部分钱中的一半存起来，而另一半用于还债。

4.将扣除生活费之后富余的钱中的50%再存起来，剩下的50%用于支付消费贷款。最好根本不要申请消费贷款。

男人负责赚钱养家，女人负责貌美如花？别做梦了！女性的平均寿命比男性长，因此比男性需要更多的钱养老，所以赶紧为将来做足准备，学会管理自己的财富，你才能打造美丽人生！

18 巧用支票

为了要得到一张任凭自己填写数字的支票，多多决心要把铺子升级为天使街最红火的店。

实体销售显然不能让这个美好而伟大的梦想实现。

现下最忙碌的人是谁？

快递员。据说，最厉害的快递，月入上万，比写字楼里的小白领赚得还多。

为什么？

因为网销非常火爆，这种无需店铺成本的销售模式带动了物流经济。

对了，把网络销售也纳入经营，实体店也开着，双管齐下！

多多寻思着，依靠自己的设计天分，还有从小马哥那剥削来的单反相机，有了这两样必杀技，开个小小的网店不在话下，简直小菜一碟。

从实名认证到拍摄图片上传到网上店铺，多多只用了两天时间。接下来，就是忙忙碌碌的几周。从接订单的客服到打包的仓管，再到发货的物流，最后还有结算的财务，又是集万千宠爱于一身的“一条龙”服务。

小苏有一天问多多：“开店给你带来了什么？”

多多想了一会儿，答道：“学会了独立和坚强，学会了怎么去处理突发事件，同时也学会了忍让。客人买到孩子喜欢的东西还不忘说声谢谢，得到了别人的认可比什么都开心。但是也遇到过不讲道理的客人，想方设法找茬，最后我啥都没说，全额退款。这种客人下回看到了还是会微笑对待，但是在我心里，她已经被拉黑了。开这间店，我知道了自己的价值，知道了自己要往哪儿走，努力的目标是什么。虽然开店很辛苦，但是能赚到钱就让我的劳动有了真正的价值。”

最近的销量已经很稳定了，加上网销的力度，基本上天气的影响不是很大了，不像前两个月阴晴不定，只要天气稍微差一些，就一点生意都没有。快递刘师傅很给力，只要网上接到订单，他一定准时到店里收件，保证不耽误物流速度，这样一来，第三个月的销售比之前两个月翻了三倍。多多看到生意慢慢上了轨道很开心，觉得再忙碌都是值得的。

多多大大咧咧的性子让她很快和客人们打成一片，她也会用心记住几个熟客的名字和她们小孩喜欢的衣服款式，兴致好的时候还能聊上一小会儿。实体店生意最好的时候往往都是双休日，销售额有时候每天就能高达七八百，几乎都是熟客，她们的孩子穿了多多店里的衣服都开心得不得了。多多觉得再忙再辛苦也是值得的！

会计打交道最多的是银行，只要发生业务，银行就会替你在账面上划进一笔或者划出一笔。原先只做实体，并未涉及银行存款，收入多为现金收入。多了网销之后，卖家都是通过一种叫“支付宝”的平台付款，对方收到货，该平台会把款自动拨到多多的支付宝账户。到了月末，再一次性提款到绑定的银行账号即可。

听起来有些晕，但用过“支付宝”的兄弟姐妹们一定早就驾轻就熟。为了熟悉业务，小苏给多多做了一张表。

【天使爱学习】

银行结算方式一览表种类

项目 \ 种类	概念	起点金额	适用范围	特征	账户	备注
支票	支票结算方式是由银行的存款人签发给收款人，委托银行见票付款的结算方式	100 元	同城结算中广泛使用	单位和个人在同一票据结算地区广泛使用；分为转账支票和现金支票，一律记名	应收票据、银行存款	付款日期为出票十日内
银行汇票	银行汇票结算方式是汇款人将款项交到当地银行，有银行签发汇票，汇款人持银行汇票在异地兑付银行办理转账结算或支付现金的结算方式		先收款后发货或钱货两清的商品结算方式、适用于转账，注明现金字样的也可以支取现金	使用灵活、票随人到、对付性强	应收票据、银行存款	单位或个人各种款项均可使用、付款期限为出票日期一个月内
银行本票	银行本票结算方式是申请人将款项交存银行，银行签发银行本票给申请人，申请人凭此办理转账或支取现金的结算方式			分为不定额本票和定额本票两种、一律记名、付款期限为出票日两个月		
银行汇票	商业汇票结算方式是由收款人或付款人（或承兑申请人）签发银行汇票，由承兑人承兑，并与到期日通过银行向收款人或背书人支付款项的结算方式		适用于同城或异地签有购销合同的商品交易，可以背书转让或贴现	承兑不得附有条件，否则视为无效，分为银行承兑汇票和商业承兑汇票商业汇票一律记名，可以背书转让或贴现，付款贴现最长不超过六个月		

种类 项目	概念	起点金额	适用范围	特征	账户	备注
托收承付	托收承付结算方式是根据经济合同由收款单位发货后委托银行向异地付款单位收取款项，由付款单位向银行承兑付款的结算方式		必须是商品交易，以及因商品交易而产生的劳务供应款项			
委托付款	委托付款结算方式是收款人提供收款依据，委托银行向付款人收取款项的结算方式	不受限制	同城结算和异地结算	有邮寄和电报划回两种		
信用证	信用证实进口方银行因进口要求，向出口方开立，以受益人按规定提供单据和汇票为前提的、支付一定额的书面承诺		国际结算			
汇兑	汇兑结算方式是汇款人委托银行将款项汇给外地收款人的结算方式		单位和个人都可使用适用于异地款项结算	分为信汇和电汇两种		
信用卡	信用卡是商业银行向个人和单位发行的，凭此向特约单位购物、消费向银行存款提现金，并且具有消费信用和特质载体的卡片	单位卡不得超过10万	适用于同城或异地款项结算	按对象分为单位卡和个人卡，按信誉分为金卡和普通卡		单位卡不得提现，信用卡允许善意透支，最长期限为60天

多多看傻了眼。

小苏补充道："有些企业会赖账，就容易发生坏账。但银行不会，凭票说话，是信誉的保证。可以说，银行比企业更加可靠。你暂时还不需要向银行借贷，外贸业务用信用证的机会比较多。经过两三个月的折腾，和供应商也差不多混熟了，下一回厚着脸皮问问可不可以付支票，好歹可以拖上几天，不用付现钱，也不容易丢。"

"为啥？不是说银行凭票说话吗？万一支票弄丢了，被别人捡去，我岂不是人财两空？"

"不会，不会。票据都是由银行签发的，票据一般分上表描述的那几种形式。同城使用频率最高的就是转账支票。一般批发常用的是电汇，还有托收承付。如果发出去或者收到的是票据而非现金，在会计处理上要先放在'应收票据'或'应付票据'上核算，钱没到账时暂时在往来账里挂着。支付供应商货款用得频率最高的票据应是转账支票，票面清晰地写好收款单位的全称，记住是全称，不能是简写。打个比方，你知道麦当劳的汉堡好吃，批发了100只香辣鸡腿堡回来，若付给人家转账支票，也不能在收款单位那一栏写'麦当劳'三个字。你认同，对方认同，但银行不买你的账，得按规矩行事！来，我这里正好有一张作废的支票，你可以参照一下，学学如何填制。"

小苏开始认真地教：

"除了收款人一栏要写全称，规矩还有很多。比如大写的金额和日期必须用汉字填写：零、壹、贰、叁、肆、伍、陆、柒、捌、玖、拾；账号和小写的金额必须用阿拉伯数字；用途一栏要写明资金用处。最后一点，也是最重要的一点，所有数字、文字均不得随意涂改，保持票面工整、清洁。否则，即使所有内容都填制得完美无缺也无用，铁面无私的银行工作人员必定会笑容可掬地将支票退还给你。末了，票据上加盖财务专用章和财务负责人的签章，一张不起眼的纸就这样神奇地化作一张仿佛被施了魔法的票据。收款人拿着这张票据去银行，银行的柜面人员就知道该怎么操作了，你的账户一般会在2~3个工作日内被划走相应金额。”

“嗯，听懂了。我试试。”小苏一笔一划地在作废的支票上试着做做功课。

孰料，一下笔就挨了批。

“10月9日，不该是‘拾月玖日’，会计有会计的写法，应为‘壹拾月零玖日’。”

“这是为什么呀？简直多此一举。”

“别轻敌，行规在那儿呢，可由不得你信手涂鸦。这么写当然有它的意义，免得被人篡改日期，‘拾月’中间加个‘贰’，‘玖日’前头再添个‘拾’，那么‘拾月玖日’瞬间就变成了‘拾贰月拾玖日’。”

“哦，如果是这样的话。叁到玖月前不用加零，因为压根不可能有十三月、十四月、十五月……”

“好了好了，被你打败了。你说对了，反正对你来说，少写一个字都是好的！”

“嘿嘿。”

多多正准备把票据撕毁，立刻被制止。

“小妮子，下笔前要三思，支票写错了，可不能像草稿纸一样丢弃到垃圾桶。你看到支票右上方的编号没？”小苏提醒道。

“那是什么？”

“那是银行分配给每张支票的身份证号码！”

“这么神圣？”

“对啊，和中华人民共和国公民一样，有了这个号码，每一张票据都是独一无二的。所以，假如写错了票面信息，必须盖上‘作废’章，将此票据保存在会计簿上，但不得随意销毁。”

“这么说来，倒是懂了。万一银行出了错，编了个重号的票据，偏偏有个金融诈骗犯用这重号的支票取走了我十辈子也花不完的钱，我若没有作废票据作证，岂不百口莫辩？”

“哈，亏你想得出！不过，虽然这个概率很低，但你这鬼精鬼精的念头倒是符合老会计的谨慎原则。孺子可教也。”

听了小苏的夸赞，多多甚是得意。

“我是临时抱佛脚型人才，你把填写支票特别容易出错的几点跟我重点解析，下回作废的支票就少了。”

“你啊！听着姐的教诲，少走几条弯路。”

“错，是少撕几张支票，一张支票也有成本呢！哈哈，快给我讲讲。”

“除了你刚才写错的日期，人民币大小写金额不一致也会导致支票无效，要做到金额相等，前边还要加上人民币的羊角符号，也就是￥，元、角后面没有数字的要加上‘整’。还有一点，所有信息写好后，盖印章和签章（也就是预留给银行的财务专用章和相关人签字或名章，用以票据验证审核）必须要慢，不能盖模糊，不能写错半个字，否则也会功亏一篑。只要业务熟悉了，填写支票只是小菜一碟！”

经小苏这么细腻的讲解，多多填的第二张支票很完美！

19　账为什么会对不上

听小苏说，现在会计人员继续教育的选修课里居然有一堂关于黄帝内经的养生智慧课程，真奇妙！

把三个月的账从头看到尾，多多惊叹会计的不易。从依照原始凭证做记账凭证开始，到等级明细账，然后汇总，最后形成总账，制成报表，一个月的业务环环相扣，一样都不能少。做个好会计，必须身心健康。小苏做了好几年会计，业务自然驾轻就熟。

我能行吗？多多问自己。

从简单的盘点表到成本核算，自己已经在一点点进步了，积少成多，一定行！

经历这番自我激励，多多不再惧怕会计的繁琐，对未来更加有了信心。

今天，小苏教她新的课程——制作银行余额调节表。

首先，学一学操作方法：拉出流水账，你会发现银行存款的余额与实际账面余额并不一致，这就要从核对每一笔资金收支开始查。

10 月银行流水账

第 N 次进货	-13 000	转账支票号：00002828
税费	-500	电汇
电费	-500	银行代扣
多多的工资	-1000	银行代扣，直接划入多多的户头
本月销售收入	10 000	首次破万，其中网销 5500，实体销售 4500（改用 POSE 机，故收入均为银行存款）
运费	-210	转账支票号：000055555
电话费	-100	转账支票号：000055555

妈妈扛来了家里的风扇，电费支出大大减少，可餐饮、杂费等都是用现金支付的，那都属于现金支出，这里暂且不管现金，只看银行账。

光是收入那个醒目的五位数，就让多多心里乐开了花。

理了一下银行账，月末余额 = 月初余额 + 银行存款借方总数 - 银行存款贷方总数（简单理解，就是期初余额加上本期增加数，减少本期减少数）。

10 月月初余额，即 9 月月末余额为：18 620 元（假设多多均存入银行）

银行存款借方发生额为：　　10 000 元（这与支付宝的收入吻合）

银行存款贷方发生额为：　　15 810 元

账面显示 10 月银行存款余额为：　12 810 元

网上银行的电子记录提示多多，银行存款的余额是：12 310 元。

怎么会差那么多？500元，对于一间小铺子来说，虽然不是什么大数目，但对于会计来说，少一分都不成。

立刻打电话去银行问，柜员很客气地回复：有未达账，请查证。完后，就是让你选择对本次客服的满意度调查。

满意个屁啊！未达账是什么？

看来，还是得问问小苏，银行也不靠谱，它恨不得把你的钱都扣光呢！

小苏在电话那头听完多多对银行漫无边际的投诉之后，冷静地告诫她：银行虽是现在富可敌国的企业，但还不至于光天化日之下明目张胆地瞎扣你的钱。

小苏在线传来一张看起来很怪异的表格：

银行存款余额调节表

项目	金额	项目
企业银行存款日记账余额	12 810	银行对账单的存款余额
（+）银行已收、企业未收的款项		（+）企业已收、银行未收的款项
（—）银行已付、企业未付的款项		（—）企业已付、银行未付的款项
调节后余额		调节后余额

只听说过身体不好，找老中医把把脉，吃点中药调理，银行存款也需要调节？

银行已收、企业未收？

银行已付、企业未付？

企业已收、银行未收？

企业已付、银行未付？

这都是些什么呀？多多完全糊涂了。

小苏在线解答，她并不急着直接揭晓答案，而是对照10月银行存款的明细账丢出个问题：“查一查你的银行对账单上有没有13 000元？”

“有，那是进货的数字，我记得很清楚，不用查账都知道。”

“好，接下来继续核对，500 元税费和 500 元电费呢？”

“都在！”小苏像极了负责点名的班长，一手拿着笔，一手拿着花名册，逐一核对着。

“1000 元，有没有？”

“有，那可是我的工资。”

“嗯。我明白了，一笔一笔逐个勾对。哎，后面的 210 元和 100 元，银行的电子对账单都没有，怎么办？

“都把它们先勾出来，等会儿再处置！”

“得嘞！但是我的 10 000 元营业额怎么只有 810 元入账？”

“想想你的‘支付宝’提现流程。”

“哦，想起来了。一开始收到营业款的时候，我都一笔一笔提现，打入了绑定的相应银行。但是后来业务多了，心想到了月底就一并提现。提现需要 1~2 个工作日，肯定到下个月月初我才能真正收到剩下的营业款。”

“嗯，真聪明！还有什么是你的账上有、银行账上没有，或者银行账上有、你的账上没有的？”

“唔，210 元运费和 100 元电话费，银行都没扣我的也！”

“不是不扣，是还没有来得及扣。一定是银行接到代扣信息或者接收到支票时，在月底最后一天代扣。一般情况下，你的账户要在 1~2 个工作日才能收到款项，所以这就形成了一笔未达账，你先用铅笔勾出来吧！顺便提一句，转账支票有 7 天有效期，过期作废。”

好了，把勾出来的“嫌疑犯”一一判刑吧！

银行存款余额调节表

项目	金额	项目
企业银行存款日记账余额	12 810	银行对账单的存款余额
（+）银行已收、企业未收的款项	0	（+）企业已收、银行未收的款项
（—）银行已付、企业未付的款项	0	（—）企业已付、银行未付的款项
调节后余额	12 810	调节后余额

调节后的余额是相等的，说明未达账都找对了，有三笔账等到次月再进行核对。每月都要做一张这样的表格，一来可以方便对账，而来可以达到内控要求。一旦发现账账不相符，就必须要及时查找原因。有的时候，银行也不是圣人，总会出错。没准，问题还不在你！

调节身心，放松心灵，银行存款和身心健康同等重要！做完调节表，多多决定每天下班步行回家，用一包黄帝内经调制的药包泡个脚，折腾了三个月的身心也该好好调节调节咯！

20　不可小觑的利润表

月末，姐妹俩约好时间，想一起做张利润表，看看实体加网络化的经营效果。

下了班，小苏就带着利润表的模板直奔店里来了。

利 润 表

编制单位：　　　　制表时间：　　　　单位：元

项　　目	行次	本年累计金额	本月金额
一、营业收入	1		
减：营业成本	2		
营业税金及附加	3		
其中：消费税	4		
营业税	5		
城市维护建设税	6		
资源税	7		
土地增值税	8		
城镇土地使用税、房产税、车船税、印花税	9		
教育费附加、矿产资源补偿费、排污费	10		
销售费用	11		
其中：商品维修费	12		
广告费和业务宣传费	13		
管理费用	14		
其中：开办费	15		
业务招待费	16		
研究费用	17		
财务费用	18		
其中：利息费用（收入以“-”号填列）	19		
加：投资收益（损失以“-”号填列）	20		
二、营业利润（亏损以“-”号填列）	21	—	—
加：营业外收入	22		
其中：政府补助	23		
减：营业外支出	24		
其中：坏账损失	25		
无法收回的长期债券投资损失	26		
无法收回的长期股权投资损失	27		
自然灾害等不可抗力因素造成的损失	28		
税收滞纳金	29		
三、利润总额（亏损总额以“-”号填列）	30	—	—
减：所得税费用	31		
四、净利润（净亏损以“-”号填列）	32	—	—

流水账看起来还不赖，淡季的“寒冬”终于过去，迎来账本上的“春暖花开”。多多正兴高采烈大呼胜利在望时，慢条斯理的小苏却像个私塾先生一般摆摆手，摇头晃脑地又讲起几个关于利润的会计处理要点：

“收到多少钱并不等于进口袋就是纯利润，还需要扣掉成本及费用，别忘了！”

三大会计报表之一的资产负债表，反映的是一定日期的全部资产、负债和所有者权益，是某个时点上的信息，属于反映财务状况的静态报表，展示了所有者所拥有的各种经济资源、所负担的债务以及偿债能力和所有者权益。而利润表反映的是在某一会计期间的经营成果，显示的信息是一个时间段的区间信息，而不是某一时点的信息。利用利润表，可以评价经营成果和投资效率，分析盈利能力以及预测未来一定时期内的盈利趋势。

简单来说，利润表是帮助我们分析收支情况的好帮手，帮助你了解你究竟赚了多少、花了多少。

概念容易掌握，但到底该怎么算呢？

【天使爱学习】

利润＝收入－费用

收入与费用之间的差额就是利润没错，但这里的“收入”并不仅仅指营业收入，还包括投资收益和营业外收入。费用包括营业费用、投资损失和营业外支出。所以上面的公式就扩大了阵容：

利润＝营业收入＋投资收益＋营业外收入－营业费用－投资损失－营业外支出

1. 营业收入，指日常经营过程中取得的收入，分为主营业务收入与其他业务收入。

▼主营业务收入：指经常性业务取得的收入，是利润星恒的主要来源。对于服装店来说，童装销售收入就是主营业务收入，这是多多赖以生存的主

要收入。

▼其他业务收入：是在生产经营过程中取得的出主营业务收入以外的各项经营收入，兼职和副业就是典型的其他业务收入。

2. 投资收益，指从事各项对外投资活动取得的收益。可惜多多不会炒股，也没有投资房产的经验和本钱，所以这一项为零。

3. 营业外收入，指在经营业务以外取得的收入，出售固定资产的净收益就属于营业外收入。

4. 营业费用，指企业在经营管理过程中为了取得营业收入而发生的费用，包括营业成本和经营费用、管理费用和财务费用。其中，营业成本包括主营业务成本和其他业务支出。

▼主营业务成本：企业进行经常性业务耗费的成本，主营业务成本可以通过主营业务收入直接得到补偿。

▼其他业务支出：指企业在从事其他业务过程中为取得收入而发生的各项费用。这个科目比较杂，只要拿不准放哪个科目，基本上统统都放进“其他”。

▼销售费用：企业销售商品和材料、提供劳务的过程中发生的各种费用，包括保险费、包装费、展览费和广告费、商品维修费、预计产品质量保证损失运输费、装卸费等以及为销售本企业商品而专设的销售机构的职工薪酬、业务费、折旧费等经营费用。

▼管理费用：指企业行政管理部门为组织和管理经营活动而发生的各项费用，包括公司经费、工会经费、职工教育经费、劳动保护费、董事会费、咨询费、审计费、诉讼费、排污费、绿化费等。（商品流通企业可不设本科目，直接进“销售费用”科目。）

▼财务费用：指在筹集资金的过程中发生的各项费用，包括利息费、金融机构手续费等其他财务费用。

5. 投资损失：指从事各项对外投资活动发生的损失。

6. 营业外支出，指在经营业务之外的支出，包括固定资产的报废与损毁、对外捐赠支出、赔偿金、违约金支出等。

理解了利润表里每个小方格的概念，就知道该如何填制了，直接把数据对应不同科目代人公式，就如同将相应的衣服放进相应的位置，一件件风格不一的可爱衣裳就让客人们顿时眼前一亮。

什么是利润？对于一个还没有持续盈利的小铺子来说，从牙缝里省出来的就是利润。自从妈妈从家里扛来了空调扇，店里的电费骤减 300 块，这就是利润！

多多照旧给小苏一杯自己做的冰奶茶，成本也就 2 元，外头可要 7、8 块呢！嘿嘿，真够精明的。不过，这也算利润，店里的招待费一定也被砍了不少。这么一打岔，恼人的公式暂且抛一边，大家对利润有了更加直观的了解了吧。

小苏尝了尝冰奶茶，味道真不赖。

结账之前要先结转。

结账？结转？

有些晕乎了吧？

【天使爱学习】

结转的账务处理

一、反映经济业务完成的结转

（一）采购业务完成企业购买材料时，借记“材料采购”，贷记“银行存款”等科目。借记“材料采购”表示在途材料增加。采购完成，材料验收入库，结转材料采购成本，则借记“原材料”，贷记“材料采购”。贷记“材料采购”表示在途材料减少。

（二）产品生产完工、销售完毕企业生产产品发生费用时，借记“生产成本”，贷记“原材料”“应付职工薪酬”等科目，借记“生产成本”表示生产成本增加。产品生产完工（验收入库），结转其生产成本（或制造成本），借记“库存商品”，贷记“生产成本”。贷记“生产成本”表示在产品（成本）减少。产品生产完工验收入库。则增加库存商品。产品销售（完成）后，结转已销产品的实际成本，借记“主营业务成本”，贷记“库存商品”。贷记“库存商品”表示库存商品减少。类似地，材料销售完毕，结转已销材料的成本，借记“其他营业成本”，贷记“原材料”。

（三）设备安装完工企业购入需要安装的设备、发生安装费用时，借记“在建工程”，贷记“银行存款”等科目。借记“在建工程”表示在建工程成本增加。安装工程完工验收合格交付使用，结转工程成本，则借记“固定资产”，贷记“在建工程”。贷记“在建工程”表示在建工程减少。

（四）资产处置完毕企业固定资产转入清理时，借记“固定资产清理”和“累计折旧”，贷记“固定资产”；发生清理费用时，借记“固定资产清理”，贷记“银行存款”等；发生清理收入时，借记“银行存款”等，贷记“固定资产清理”；清理完成后，结转固定资产清理净损失，则固定资产清理减少，借记“营业外支出”，贷记“固定资产清理”。如企业提取固定资产减值准备。借记“资产减值损失”，贷记“固定资产减值准备”。企业销售已计提减值准备的固定资产，结转固定资产减值准备，则借记“固定资产减值准备”，贷记“固定资产清理”。企业发生原材料盘亏，借记“待处理财产损溢——待处理流动资产损溢”，贷记“原材料”等，借记“待处理财产损溢——待处理流动资产损溢”表示待处理财产损溢增加。查明原因后确定处理方案，结转待待处理财产损溢，借记“其他应收款”、“营业外支出”等，贷记“待处理财产溢——待处理流动资产损溢”。贷记“待处理财产损溢——待处理流动资产损溢”表示待处理财产损溢减少。

二、计算成本的结转

（一）结转领用材料实际成本材料验收入库时，借记“原材料”；结转领用材料的实际成本，原材料减少，借记“生产成本”等，贷记“原材料”。

（二）结转发出材料成本差异结转发出材料应负担的材料成本差异，即分摊材料成本差异，借记“生产成本”等，贷记“材料成本差异”（超支用蓝色字，节约用红色字）。

（三）结转制造费用发生制造费用时，借记“制造费用”，表示制造费用增加。结转制造费用，即期末分配制造费用业务，则制造费用减少，借“生产成本”等科目，贷记“制造费用”。类似的还有结转辅助生产成本，即期末分配辅助生产。

三、计算盈亏的结转

（一）期末结转损益类账户平时发生费用时，借记“管理费用”等费用类科目，表示费用增加。期末结转费用类账户时，借记“本年利润”，贷记“管理费用”、“主营业务成本”等科目；平时取得收入时，借记“银行存款”等科目，贷记收入类科目。期末结转损益类的收入类账户，即期末将损益类的收入账户余额转出到“本年利润”账户，收入类账户余额减少（为零），则借记“主营业务收入”、“其他业务收入”等科目，贷记“本年利润”。

（二）年末结转本年实现的净利润或发生的亏损企业实现了净利润，体现为“本年利润”账户贷方余额，年末结转本年实现的净利润，表示本年利润减少，即将“本年利润”账户贷方余额转出到“利润分配（未分配利润）”账户，借记“本年利润”，贷记“利润分配——未分配利润”。企业发生亏损，则借记“利润分配——未分配利润”，贷记“本年利润”。

（三）年末结转利润分配账户分配利润时，借记“利润分配——提取法定盈余公积”、“利润分配——提取任意盈余公积”、“利润分配——应付股利（利润）”，贷记“盈余公积”、“应付股利（利润）”。年末结转利润分配账户，借记“利润分配——未分配利润”，贷记“利润分配——提取法定盈余公积”、“利润分配——提取任意盈余公积”、“利润分配——应付股利（利润）”。

四、债权债务的结转

如企业赊购材料，则贷记“应付账款”，表示应付账款增加。结转无法支付的应付账款，应付账款减少，借记“应付账款”，贷记“营业外收入”。企业赊销产品，则借记“应收账款”，表示应收账款增加。结转应收账款，即应收账款无法收回（如对方单位破产）予以转销，借记“坏账准备”，贷记“应收账款”。贷记“应收账款”，表示应收账款减少。

五、其他含义的结转

结转还有计算的含义，如结转应付水电费，即计算应付水电费，借记“管理费用”“制造费用”等科目，贷记“应付账款”。结转工资费用，即工资结算业务，借记“生产成本”等科目，贷记“应付职工薪酬”。结转本月应交城建税和教育费附加，即计算本月应交城建税和教育费附加，借记“营业税金及附加”，贷记“应交税费——应交城市维护建设税”、“应交税费——应交教育费附加”等科目。结转本期应交企业所得税，即计算本期应交企业所得税，借记“所得税费用”，贷记“应交税费——应交企业所得税”。

此外，还有一些与分录无关的情形也用到“结转”一词，如登账时，每一账页登完，在最后一行结计本页（或本月、本年）合计数及余额（即过次页）后，将其转入下页第一行（即承前页），称为结转下页。又如年终，将旧账余额转入次年新账，叫结转下年。在这里，“结转”含义是转账。

看看小苏总结的区分方法：平时结转，指的是结转成本、结转收支、结转费用，到了年底，还涉及两个科目——本年利润和利润分配。企业的盈利或者亏损，在这两个科目里一目了然。

结转利润究竟是咋回事呢？这和一个很重要的科目有关，即本年利润——就是企业实现的净利润。

利润是怎么算出来的呢？这要先知道损益类科目都包含什么：主营业务收入、主营业务成本、其他业务收入、营业税金及附加、销售费用、管理费用、财务费用、营业外收支等。把它们大搬家，搬到本年利润里，说白了就是按着损益类科目的余额做相反的凭证，然后这些账户就被清空了，余额成0，把借和贷看做是正负号就好理解了。

通俗点说就是将结转利润分四步走：

第一步：结转收入：

借：主营业务收入

　　其他业务收入

　　营业外收入

　贷：本年利润

第二步：结转成本、费用和税金

借：本年利润

　贷：主营业务成本

　　　主营业务税金及附加

　　　其他业务支出

　　　营业费用

　　　管理费用

　　　财务费用

　　　营业外支出

　　　所得税费用

第三步：结转投资收益

（1）如果余额在贷方，那么表明是净收益。

借：投资收益

　贷：本年利润

（2）如果余额在贷方，那么表明是净损失。

借：本年利润

　贷：投资收益

原本以为多多吸收利润表的知识会很慢，毕竟不是科班出身。但几经分析，这丫头倒是心思巧妙地用自己的方式给记牢了。

记到账上后，算出本年利润的余额。记在贷方的是利润；如果记在借方，第一反应就该知道这是亏损。

记是记住了，多练习几次也很快能掌握。但多多还是很纳闷，前人为什么会发明报表这种深奥的玩意儿？流水账记一记，多轻松！

哈哈，想偷懒就别当老板！做生意的终极目标是什么？奔着利润去，确切地说，是净利润！

前面利润表算出只是单位毛利润，上张表格里算出的68元也不是净利润，到底什么才是净利润呢？

净利润是指在利润总额中按规定交纳了所得税以后公司的利润留存，一般也称为税后利润或净收入。净利润的计算公式为：净利润＝利润总额×（1－所得税率）

净利润是一个企业经营的最终成果。净利润多，企业的经营效益就好；净利润少，企业的经营效益就差。它是衡量一个企业经营效益的主要指标。

净利润的多寡取决于两个因素，一是利润总额，二是所得税率。

企业的所得税率都是法定的，所得税率愈高，净利润就愈少。我国现在有两种所得税率，一是一般企业25%的所得税率，即利润总额中的25%要作为税收上交国家财政；另外就是对三资企业和部分高科技企业采用的优惠税率，所得税率为15%。当企业的经营条件相当时，所得税率较低企业的经营效益就要好一些。

税后利润（即净利润）是一项非常重要的经济指标。对于企业的投资者来说，净利润是获得投资回报大小的基本因素，对于企业管理者而言，净利润是进行经营管理决策的基础。同时，净利润也是评价企业科盈利能力、管理绩效以至偿债能力的一个基本工具，是一个反映和分析企业多方面情况的综合指标。

净利润现金含量是指生产经营中产生的现金净流量与净利润的比值。该指标也越大越好，表明销售回款能力较强，成本费用低，财务压力小。

净现金流量是根据现金流量计算的，净利润是根据权责发生制计算的，比如一家公司收到大量预付款，没有确认收入，不计算利润，但是收到现金，所以这个比例会非常高。

税前利润是指在所得税完税前的利润,就是企业的营业收入扣除成本费用以及流转税后的利润,叫税前利润,在这个基础上缴纳所得税。

这些利润的算法公式有：

产品税前利润 = 产品销售收入－产品销售成本－分摊后的销售税金及附加－分摊后的期间费用

产品销售收入 = 国内销售收入＋出口销售收入

产品销售成本是指与产品销售收入相对应的销售成本

分摊后的销售税金及附加 = 企业营业税金及附加×分摊比例（按照销售额进行分摊）

分摊后的期间费用 = 企业期间费用合计×分摊比例（按照销售额进行分摊）

分摊比例（%）= 该种产品销售额 / 企业生产全部产品销售额（包括该种产品）×100%

税前利润 = 利润总额,即是指在所得税完税前的利润,就是企业的营业收入扣除成本费用以及流转税后的利润,叫税前利润,在这个基础上缴纳所得税.

利润总额 = 主营业务净收入 - 主营业务支出 - 营业税金及附加 + 其他业务利润 - 销售费用 - 管理费用 - 财务费用 + 投资收益 + 营业外收入 - 营业外支出

息税前利润 = 利润总额 + 利息支出

税后利润 = 净利润

净利润 = 利润总额 - 所得税费用

毛利润 = 主营业务净收入 - 主营业务支出 - 营业税金及附加

看了正解，多多了解到税后利润就是净利润。

看到有盈利还要计算所得税，还有一笔凭证：

借：所得税费用

贷：应交税费——所得税

计提完所得税，别忘了结转出去：

借：本年利润

贷：所得税费用

这里要注意的是，虽然所得税和利润有关，但并不是亏损了就不用交纳所得税了，要看调整后的应纳税所得额是否是正数，至于怎么调整，还有一些规定，比如招待费不能超标啊、广告费不能超标啊，超出的部分都要扣除，罚款也不能税前扣除的，然后再算应纳税额。所得税对于企业的税收是件大事，对于会计来说，也是一项重要工作。计算所得税费用表面上不难，但无论从税法上还是会计的核算上，会计都需要掌握严格的规定和标准。

38 项准则是唯一一项按税种定的准则，可见国家对于所得税的重视程度了。

利润转完了，也知道利润是怎么来了。

到了年底，才会有第四步：结转本年利润。

如果调整完了是贷方余额：

借：本年利润

　贷：利润分配——未分配利润

如果是借方余额，做相反的凭证：

借：利润分配——未分配利润

　贷：本年利润

会计不好当，一定要细心！

多多一看见数字就晕乎，这次真的挑战极限了。呵呵，幸好小铺子交的是定额税，否则光是税这一块就头疼死了。

先喝杯饮料提提神吧。滴滴滴，旺旺的头像不停闪烁，有客上门咯！

21　赶上网络营销这趟车

聊了聊对方需要的尺寸、颜色，多多推荐了几款童装发过去，客人很满意，当场拍下付款。一单生意就成了，比做实体店看起来容易许多，也少费许多唇舌。但是，凡事切记不可看表面，金银珠宝可不是随随便便就能大珠小珠落玉盘，任由你收入囊中的。

天使街的一些临街零售店铺，看起来都是冷冷清清的，每年租金还要六七万。但这些店跟多多的店一样，背后的生意别人看不见。精明的店主在开实体零售店的同时，还开有网店。网销的流行让少男少女以及辣妈们都成了宅男宅女。手指头轻轻一点，喜欢的衣服过几天就能空间大挪移，来到你面前。多多知道现在竞争激励，特地建立 QQ 群，把第一批网销的客户资料都保存好，及时更新服装信息。空余时间，通过论坛发帖的形式做推广。

开淘宝店铺如何解决货源的难题？

在淘宝上开服装店的人很多，随便打开几家电子商铺，就能找到同款服饰。所以，开网店不代表一定能赚钱。除了要有自己的优势，还必须像经营一家实体店一样，从投资、装修、进货、陈列、经营管理等工作一项都不能少，而且还要求经营者有照相技术、Photoshop（修图）技术和推广手法等。不客气地说，成功的网店需要一个全才来经营。

多多在没有完全了解网销之前，并没有放弃实体经营。很多熟客都是看到网店的衣服后来到实体店，带着孩子亲身试一试，也算是一种网络宣传。

小马哥的生意经

（1）事先要掌握一定的服装知识。不要一到批发市场就扎进档口看货选货。先以看货为目的，多走两遍目标货品的档口，把市场行情摸清楚，同时也可以熟悉整个市场的环境，调整一下心理。要让批发商看得到自己是个认真做生意的人，是能把生意做好的人。

（2）不要刻意装成实体店主及打包客。不要太高调，更不要夸夸其谈。批发商大多数算盘都打得精，察言观色方面也很有一套，能一下子看穿新手，并由此判定新手是个可以“坑”一把的人，而不是可以发展为合作伙伴的人。批发商很实际，你无论说得多好听，到最后没拿几件货，他一样不给优惠，最终你只能落得个浪费表情的结果。

（3）不要选择生意繁忙的时候到档口选货。争取有充足的时间，主动地与批发商交流，以诚恳的心态向批发商请教学习，并适时地要求批发商在价格和换货方面给予优惠。批发商最喜欢拉拢有潜力的新手做生意。当然，自己也不能糊里糊涂地听批发商说什么就是什么。

（4）问价钱的时候要压低声音。有其他客人在的时候最好不问价钱，一定要问的话，就不要让其他客人听到。批发商喜欢和成熟、得体的客人打交道。

（5）第一次看货，要给有兴趣的档口留下一个印象。跟老板或小妹多交谈几句，临走之前记得跟人家说待会过来。第二次来了，要强调一下自己来过。对方觉得你走了一圈，最终还是选择了他们，就很容易拉近彼此间的距离。第二次来，不管成交与否，都要留下批发商的联系方式。

（6）不排除个别批发商对生人非常冷淡、对小客户非常排斥的情况。不管碰到多少批发商的钉子，也要以选好货、做好自己的生意为目标，保持良好的心态，与接下来的每一位批发商打好交道。毕竟，热情好客的批发商占绝大多数。

（7）和工厂接触最好通过关系。没关系也要混出关系，可以说做生意得先做人。在服装流通的中间环节，花钱的，不见得是上帝，越靠近源头的越像上帝。如果上家看到下家有不顺眼的地方，一件衣服随便多开几毛钱，几千件衣服就是上千块钱了。

学会赚钱的经营之道，也要学会赚钱的计算手法。你花了多少，卖了多少，赚了多少，总得知道吧！

小马哥总管经营，小苏主管会计。这时候，该小苏出来露一手了，说说这张对于企业管理者至关重要的表——利润表。

在前面的内容里，我们已经抛砖引玉对其做了一番解析，大致了解了它的框架。现在再把实质性的内容往里头一点点填，蚂蚁搬家，总有完工的那一天。

利 润 表

编制单位：天使爱美丽服装店　制表时间：×年×月×日　　单位：元

项　　目	行次	本年累计金额	本月金额
一、营业收入	1	10 000.00	
减：营业成本	2	13 000.00	
营业税金及附加	3	500.00	
其中：消费税	4		
营业税	5		
城市维护建设税	6		
资源税	7		
土地增值税	8		
城镇土地使用税、房产税、车船税、印花税	9		
教育费附加、矿产资源补偿费、排污费	10		
销售费用	11		1310.00
其中：商品维修费	12		
广告费和业务宣传费	13		
管理费用	14		
其中：开办费	15		
业务招待费	16		
研究费用	17		
财务费用	18		
其中：利息费用（收入以“-”号填列）	19		
加：投资收益（损失以“-”号填列）	20		
二、营业利润（亏损以“-”号填列）	21	-4810.00	—
加：营业外收入	22		
其中：政府补助	23		
减：营业外支出	24		
其中：坏账损失	25		
无法收回的长期债券投资损失	26		
无法收回的长期股权投资损失	27		
自然灾害等不可抗力因素造成的损失	28		
税收滞纳金	29		
三、利润总额（亏损总额以“-”号填列）	30	-4810.00	—
减：所得税费用	31		
四、净利润（净亏损以“-”号填列）	32	-4810.00	—

哇呜，按照利润表，服装店其实是亏本的。光是销售收入就入不敷出！

小苏眼明手快："别着急，虽然进了13 000元的货，那是以往2个月的量，只花了1个月的功夫就完成了10 000元的销售额，还是很可观的。"

多多从负数的阴影里一下冲到阳光地带，就好像看久了琼瑶剧的女孩子突然看到了一部小清新的电影，原来一切就这么简单，没那么复杂。别人说的，仅仅都只是参考。虽然利润表呈现的是赤字，但不代表就不能继续经营。正如硬币总有正反两面，假以时日定会否极泰来。

这破万的收入虽然金灿灿的，却不是百分百的纯金，但这是多多人生中真正意义上的第一桶金。不管是金铺子还是银铺子，都要用心去经营，努力去打造！

这些创业的艰辛让多多收获了一间属于自己的店铺，开创了一份小事业，同时，还有爱情。天使童装店的生意渐入佳境，每月基本保持上万的收入。小马哥在多多赚到人生第N桶金时，举着钻戒跪地求婚的搞笑开场白让多多笑靥如花。他故作认真地说："富婆，求求你包养我吧！"

就这样，青梅竹马的他俩因为一同经历了创业风雨而走在一起，彼此珍惜，彼此欣赏。比起高富帅，一个懂得关怀你、支持你的暖男更适合充当共度人生的伴侣。经济独立的女性在择偶问题上也会显得更底气十足，爱谁就选谁！

22 赚钱理财两不误

在对的时间遇到对的人，正如在对的时间做一笔正确的投资，赚了。这个足智多谋的男人，多多姑娘笑纳了。

三年转眼过去，多多不仅成功脱单，在小马哥和小苏的帮助下店铺生意上了轨道，她还迎来了自己生命的新阶段：即将成为一个母亲，化身事业爱情双丰收的美娇娘。

雨天，多多的店里没什么客人，倒是迎来了避雨的熟客。女人聊的话题，似乎都以纠结为主，很少有女人在一起聊些温馨浪漫的事儿。常来店里为领导家的闺女买衣裳的阿赛出门办事，忘了带伞，留在店里开始大吐苦水。

“哎，多多姐，我觉得二十几岁的女人命太苦了，天天忙得跟孙子似的，不就为了那点工资吗？”阿赛捋了捋被雨淋湿的头发。

“每个人不都一样？谁不是那么熬过来的呢？”多多一边整理货架一边笑答。

“我想拥有自己的房子，想每天开着小车上班，可每天总担心工作做不好就会被领导开除，工作以外的时间还得想方设法提高技能。在家也处于水深火热之中，被老爸老妈逼婚，为找不到‘长期饭票’发愁，我这充斥着各种不确定因素的人生呐……我就是一朵纠结之花，很快就要枯萎！不行，我得赶紧趁着大好年华找个金龟婿呀，否则怎么对得起我的貌美如花！”阿赛带着夸张表情的孤芳自怜式吐槽，反惹得多多一阵轻笑。

“就你这个小屁孩都已经喊苦喊累，想想人家红军长征两万五，你就会觉得自己就是个无病呻吟的二百五！”说话的是正推门进来的小苏。

小苏因常常来天使童装店帮忙，和阿赛也渐渐熟络起来，两个年龄相差一轮的女人喜欢插科打诨地互开玩笑。

“好吧，你说自己苦。我就来和你说说我的压力：背着百万房贷，养着讨债的娃，上面还有不省心的父母，要处理夫妻关系，要协调同事关系，要解决邻里矛盾，要呵护家庭，要分得清亲疏远近。而你说的那张长期饭票，在我眼里压根就是块扶不上墙的烂泥！小姑娘，宁愿相信世上有鬼，也别信男人那张破嘴，还是靠自己吧！你是即将枯萎的纠结之花，那么我肯定就得是已经开败了的花。你们知道现在人们都怎么给辣妈定义的吗？下得了菜场，上得了课堂；做得了蛋糕,讲得了故事；教得了奥数,讲得了语法；改得了作文,做得了小报；懂得了琴棋,会得了书画；搜得到攻略,找得到景点；提得了行李,拍得了照片；想得出创意,搞得了活动；挣得了学费,付得了消费——当个辣妈还真累!”小苏的苦水似乎来得更猛烈些。

“啊？快说说怎么回事？”女人总是喜欢攀比，比谁的名牌包包更新潮，比谁的老公更有钱有势。如果是一穷二白的小人物，比不了物质，那就比谁苦。听了小苏的一番话，阿赛像是找到了知音，碰上了看起来活得比自己还惨的人，莫名地兴奋起来。

“别看我在企业的工作光鲜亮丽，薪水也不低，但开销也大呀。柴米油盐、人情往来、里里外外都得花钱，小孩面临上学，以后光是每个月的课外辅导费抵得上二分之一的伙食费。我老公也就是个大学教授，每个月就那么点死工资，怎么算都不够花呀！”小苏气不打一处来。

别看小苏抱怨多多，但是好在这个知性女子智商和财商兼备，迫不及待地和即将为人母的多多，还有月光小白领分享起她的理财经。

1. 小苏的家庭收支情况

积蓄：10 万定存 +1 万活期 =11 万元

开销：每月日常开销 4000 元 + 房贷 3000 元 =7000 元 / 月

收入：5 万 +8 万 =13 万 / 年

小苏的家庭整体收入非常不错，由于先生在大学工作，因此在家庭收入的稳定性方面也会比较有保障。一年的纯收入差不多 13 万 / 年 −7000 元 × 12=4.6 万元 / 年。在三线城市，她这样已经算过得很滋润了。

2. 明确理财目标

小苏和老公商量后，为实现有车有房、孩子教育费和父母养老金有保障的三口之家理财目标做了以下计划：

（1）买车

小苏按照自己的家庭收入和存款状况考虑到买车的压力不是很大，但是养车却是一笔较大的开支。通常养车一年的费用为该车购买价格的十分之一，所以 20 万的车初略计算下来一年养车费用为 2 万元，一个月在车上就会花去将近 2000 元，是目前家庭月开支的 23.8%，所以这笔费用显然偏高。

其实，车只是一种代步工具。考虑小苏和老公的工作单位都有班车，买了车并没有太多用途。原本打算干脆就不买车了，把钱留下来定存或者买基金投资股票也好，但是一考虑假日想带着悠悠去玩，没有车真心不方便，索性买入 10 万元左右的车，这样一年养车的费用可以控制在 1 万元左右，不会给家庭财务造成很大威胁。

（2）买房

小苏很孝顺父母，想在小区里另外买一套房子，把老人接到身边来住，方便照顾。同时，出于兼顾投资的角度出发，考虑到将来还想把悠悠送出国，这是一笔大额开销，家庭支出方面可能负担不起，因此，买了个总价 50 万左右的小户型。用积蓄付了首付，其他的向银行贷款。

（3）父母养老

小苏每年都给双方父母各 1 万元以尽孝心。老人不会乱花钱，也不大生病，就当是他们帮忙存着留给悠悠的教育经费好了。

3.理财目标可行性预算

像小苏这样的三口之家解决理财问题的紧迫性和重要性按照资金需求的程度进行排序，应该是①父母的养老房；②孩子教育经费；③孝敬父母的钱；④买车。

“哇呜，小苏姐真有魄力！收入不低，开销不低，但够花，生活水平也不低。牛！前些天在家看著名的相亲节目《非诚勿扰》，一帅老外不解为什么中国人那么爱挣钱。其实中国的消费水平并不高呀，大部分人的工资收入也不低，为什么还是嚷着钱不够花呢？”未婚的阿赛也开始困惑了。

“比我们更加年长一些的也不省心，孩子大了更要操心，养老问题放心不下，生老病死需要考虑，这么短的人生太多感慨和遗憾，为什么不想点开心的好好活着呢？”多多安抚着这两朵被生活重重压着的纠结之花，说道，“换我说啊，女人之所以纠结大多因为没看透，而看不透则是因为太纠结，这是不断轮回的矛盾。很多事情看似想明白了，兜兜转转又纠结起来，但事实上很多纠结源于对自己看不透，而看不透又恰恰是因为太纠结于其中的某些细枝末节，转不过念头来，所以女人通常都爱钻牛角尖儿。没结婚的时候一直都浑浑噩噩想，想不明白，一旦进了围城，豁然开朗，一切都明白了。”多多对着眼前这两个爱抱怨的女人，不由得也叹了口气。

阿赛赞叹道：“哇，多多，没看出来，你居然是个哲学家！”

小苏捂住阿赛的嘴，没好气地让她闭嘴，示意多多继续说。

“女人容易瞻前顾后，所以常常顾此失彼，总是解不开心结，想得不够透彻。若想参透矛盾心理，其实非常简单，明白自己要的是什么并毫无顾忌地去追，不贪心，不喜不悲，许多困扰都会消弭于无形，许多烦恼就会不见了踪影，心里的纠结就会变得很少。这大概就是佛家所说的‘悟’吧。谈佛论道可能太深奥，就以我的服装店举个例子。30岁以前我也和阿赛一样，立志要做个有钱的女人或者找个男人嫁了，眼睛长在头顶上，相亲无数次，没一个看得上。30岁以后，兜兜转转嫁给了青梅竹马的恋人，有了家庭有了孩子，我就和小苏一样，‘压力山大’（网络俗语），也不知道为别人打工到底能不能保证日后衣食无忧。比起不靠谱的老板，还是毅然决定辞掉每天让我提心吊胆的工作。虽然白手起家开了这间店，创业赚钱不比为人打工容易，但起码我知道我在追求什么。这间店就是我生存的基础条件和保障，我要把店做好！如果阿赛打从心底里不想干这份工作，那就学我辞职创业！跟你说说我这无业游民是怎么为将来做打算的，供你参考！”

辣妈多多的理财经

多多和小马哥虽然都没有稳定的工作单位，但是因为生意做得还不错，在宝宝出生前已经开始重视理财，要为孩子的生活提供物质基础。以前一人吃饱全家不饿，对收入的支配比较随意，开支方面缺乏计划性。一旦有了家庭，不得不面对一些经济压力，不得不为自己的小家庭规划规划。多多的理财目标是：通过投资一些稳健的理财产品，能让资金在未来慢慢有所结余。

1. 了解家庭财务状况

多多家庭年收入约30万元，这对于两口之家来说比较富裕，但是家庭成员即将由两人增加成三人，为了给宝宝一个良好的家庭环境，确确实实不能再大手大脚，而要精打细算了。

2. 制定理财规划

家庭资产合理配置比例是家庭收入的40%用于供房及其他方面投资，30%用于家庭生活开支，15%用于银行存款以备应急之需，15%用于保险。为了家庭生活的经济安全稳定，必须将很多风险转移给保险公司。但需要注意：一要转移风险。投保之前充分了解家庭已有的保险类别和金额，防止保险过度或保险不足。二要量力而行。这与两口之家家庭的经济购买力息息相关，尽量在保费支出一定的情况下获得最大的保障，或者在可接受保障水平时保费支出最低。三要量体裁衣。保险市场险种十分丰富，每个家庭的情况各有特点，要根据自身实际情况购买。

多多和小马哥都是自由职业者，没有单位为其交保险，但他们选择为即将出生的宝宝买一份保障。所以两人为自己购买保险，以宝宝为受益人，以便发生突发事件时有足够的保险金为宝宝提供教育。

3.调整家庭理财规划

宝宝出生会带来许多支出，“没有计划的家庭不是好家庭”，开源节流和学会记账也是必要的。在这一点上，辣妈多多就承担起这个精打细算的重任。每笔开销都尽量从银行转出，做到每项支出都有迹可循。每月定期核查账单，看看开支情况，就知道哪些是不得不花，哪些则能省就省。在收支情况清晰以后，就可以及早开始准备各项大额支出，其中最大的一块应该就是子女教育经费。教育经费投资周期长，可以每次只拿出收入一小部分进行稳健投资，不会带来太多额外的负担和压力。视市场情况定期可采取定期定额投资债券及股票型基金，并随着收入增加而调整投资金额。

“多多姐果真不愧是财女啊！我其实不是真的想辞职，也没有创业的激情，如果丢了饭碗，让我去喝西北风啊！我又不像小苏姐，有张长期饭票，也不像你那么聪明能干，没工作没男人，让我怎么活啊！你也太残忍了吧！”阿赛有些迷茫。

“你父母都是事业单位退休人员，医保社保齐全，在家乡有自住房一套，你的压力比咱们可小太多了！你工作稳定，单位还给你缴纳‘五险一金’。听说前段时间你父母给你买了一套小户型，给你减轻了50万元的压力。你还嚷嚷着不幸福呀！”多多提示她凡事往好处想一想。

“我每月工资不低，可理财方面却完全是个白痴，一笔糊涂账。我这样的‘月光族’哪有幸福感可言。随着年岁的增长，结婚、买房、深造、养老等现实压力都等着我呢，想到这些就一点也高兴不起来。我要是能像多多这么能挣钱就好了！”阿赛垂头丧气地说。

“挣钱是一回事，理财又是另外一回事。如果没有勇气辞职不妨给自己的实力充值，就当给自己投资。你增值了，你的收入也就增加了。工资到手先强制定存，积少成多，对于你这类‘月光美少女’更是能达到强制储蓄的目的。另外，只要学会理性消费，根据实际情况合理进行投资，买点稳定收益率的基金什么的，‘月光女’也能变身小富婆啊！改变消费观念，注销信用卡，养成每日记账的良好习惯。把你爸妈给你买的房子出租一间，多个伴，又能补助自己日常生活开支，何乐不为！”一旁多多忙支招。

“多多的建议棒极了！阿赛，理财要趁早，小钱也能理成大钱。会理财的女人，生活差不了。现代社会给了我们足够自由，也给了我们无穷的压力。咱们女人跟男人一样，小时候要背着压弯腰的书包上学，长大了要在职场和人斗智斗勇，还得要在剪不断理还乱的情感纠葛中取舍。这念不完的书，写不完的作业，考不完的试，没完没了的竞争，无休无止的烦恼，还得谋求金灿灿的‘钱途’。在还没有过上衣食无忧的生活之前的那些年里，始终都在为了物质而奋斗挣扎。虽说学历、工作、房子、车子、钱……这些东西都要争取，都是安身立命的必须，但是如果我们不知道自己要的究竟是什么，大好青春年华都消耗在对这些东西的纠结中了。待到蓦然惊觉的时候，发现东西可能都有了，但最美好的年华也过去了，这才明白过来原来这些年最没想明白的事情就是自己到底该不该为这些东西倾尽所有，用三十年时光换来一个衣食无忧的结果到底值不值得。多多为了自己想要的安定生活，选择了开店并且义无反顾地坚持，所以她从不纠结。而我们这些大俗人内心贪婪，想要的太多，得到了还不知足，所以不断地纠结、痛苦。”小苏感叹道，“女人要面对的根本不是别的，而是自己的内心。在还没有老去而又正纠结于追求目标的时候，不妨多想想自己内心期望的生活是什么样子，忙碌究竟是为了得到什么。一路辛苦赶路的时候，别忘了随时停下来问问自己，想想人生，再继续前行也许会更好。”

豁达的多多已然参透了人生。其实，走过令人纠结的青涩年代，多多才发现原来人与人之间其实非常简单，每个人都在扮演不同的角色，努力做好自己就没有那么多问题了。拿女人来说，是别人的女儿，别人的妻子，别人的母亲，无论是否觉得辛苦，都要扮演好自己的角色。因为人和人之间的关系似乎冥冥之中早已尘埃落定，不论再疲惫都要认真面对。人有了一定阅历之后就学能会笑看人生。人生的起点都一样，从妈妈的肚子里呱呱坠地来到人世，终点也没有分别，化作一片灰烬。无论经历过多少辉煌或者平淡，最终都如同云烟一般要轻轻散去，人生唯一改变不了的就是生命的轨迹，那是一条回不了头的单行线，永远没办法踏上来时的路。

对多多来说，开这间天使童装店就是最好的选择，因为它，她拥有了财富和信心。当职场妈妈们挺着大肚遭老板白眼还得卖力工作或者边工作边担心家里的衣服会被暴雨淋湿时，她已经可以提前退休，安享财务自由的美丽人生。当然，新生的孩子和公司都有嗷嗷待哺的时候，需要考虑许许多多的问题。女性创业有欢笑有眼泪，也会有怀疑和畏缩不前。多多接受过其他朋友的真诚帮助，也遭到过坏人的欺骗，尝试过创新的主意，也推行过愚蠢的做法，见证过许多人的成功与失败。但最终，她明白，赚钱是为了按照自己的意愿生活，这比任何收获都显得重要。不抱怨，不放弃，不怕困难险阻，自信大胆地向前走，管它前方是海盗还是南墙！

【财女宣言四】

实现财务自由，活出美丽自我

无论你是单身还是已婚，无论是在写字楼工作还是在街头摆地摊，结婚生子都是女人必经阶段。我们深知，做个无敌的超级妈妈是遥不可及的神话，因为我们无法一心多用，同时完成好几件事。而且，我们相信自己有力量选择并完成我们最想做的事情。因此，一个充满勇气的想法应运而生：自由创业。

女性的身份在不同阶段是不同的，可以是处理家务的主妇、照顾孩子的母亲、赚钱养家的顶梁柱、善于社交的商人、婀娜多姿的情人等等，甚至同时集这些角色于一身。女性往往拥有温柔体贴、敏感善良、任性坚强等特质，没男人那么大野心，不怕放下身段，这些特质都可以化为成功创业的资本。

其实，女性创业最重要的目的就是按照自己的意愿生活。只要实现财务自由，你就可以扮演照顾他人的角色，帮助很多你想帮助的人；闲暇之余可以周游世界，享受异国风光，没准还能偶遇意中人；同时，你也可以改善生活，让家人过得更好。但你必须在照顾别人之前，先懂得爱自己，并尊重自己内心深处最渴求的意愿。

相比于未婚女性，很多已婚女性想创业的动机更现实一些，多数为了给家庭增加收入，减轻丈夫支撑家庭经济的压力，或是能为孩子多赚取一些教育基金，却很少有人赚钱是为了自己。人生最辛苦的一件事，就是为了赚钱而赚钱。如果辛苦地为他人付出，最后得付出失去自我的代价，那么还不如在尽责之余，同时尽可能地实现自己的梦想。

所以，女人千万不要忘了最重要的角色——自己。